KB212506

프란치스코 교황이 말하는
신앙생활의 핵심

Camminare con Gesù, Il cuore della vita cristiana
by Papa Francesco

프란치스코 교황이 말하는

신앙생활의 핵심

줄리아노 비지니 엮음 · 김정훈 옮김

프란치스코 교황이 말하는
신앙생활의 핵심

2015년 4월 9일 교회인가
2015년 9월 15일 1판 1쇄 발행
2024년 12월 5일 1판 19쇄 발행

지은이 | 교황 프란치스코
엮은이 | 줄리아노 비지니
옮긴이 | 김정훈
펴낸이 | 이은아
펴낸곳 | 바오로딸

01166 서울 강북구 오현로7길 34
등록 | 제7-5호 1964년 10월 15일
전화 | 02) 944-0800 **팩스** | 987-5275

취급처 | 중앙보급소
전화 | 02) 984-3611 **팩스** | 984-3612

값 12,000원

이메일 | edit@pauline.or.kr
인터넷 서점 | www.pauline.or.kr 02) 944-0944
ISBN 978-89-331-1210-6 03230

추천글

「교황 프란치스코, 자비의 교회」 이후 프란치스코 교황님의 둘째 강론집이 출간되어 반갑습니다.

이 책은 프란치스코 교황님이 자주 상징적으로 말씀하시는 '걷기'에서 시작하여 '걷기'로 끝을 맺습니다. 신앙의 빛 안에서 걸어가는 것, 정체하지 않고 밖으로 나아가 외치기 위해 걷는 것 등 복음에서 말하는 걷기의 중요성을 강조하면서 동시에 칠성사와 성령칠은을 다루어 신자 재교육용으로도 참 유익하리라 믿습니다. 책 제목에 '신앙생활의 핵심'이라는 말이 들어간 이유가 여기에 있다고 생각합니다. 작년에 교황님이 방한하셨을 때도 종교지도자들과의 만남에서 "삶은 길입니다. 혼자서는 갈 수 없는 길이라서 다른 형제들과 함께 하느님의 현존 안에서 더불어 걸어가야 하며, 이 여정은 아브라함이 하느님을 향하던 길이기도 합니다"라고 말씀하셨습니다.

이 책을 읽다 보면 젊은이뿐 아니라 성직자에 이르기까지 교황님이 우리 한 사람 한 사람의 눈을 맞추며 말씀하고 계시다는 느낌을 받습니다. 직설적이면서도 간결하고 단순한 교황님의 고유한 화법에는 세상을 향한 사랑과 유대의 간절함이 배어있습니다.

우리 한국교회가 걸어가야 할 길을 알려주고 초대하시는 교황님의 힘 있는 목소리를 여러분과 함께 듣기를 희망합니다. 자신만을 위한 세계에서 벗어나 이웃의 걸음에 함께하며 울고 웃는 신앙인의 참모습을 찾기 위한 몸부림은 지금도 우리 사회 곳곳에서 볼 수 있습니다. "오늘도 내일도 그다음 날도 내 길을 계속 가야 한다"루카 13,33는 예수님의 말씀처럼 복음이 전하는 기쁨은 우리의 발걸음을 계속 재촉합니다. 지금 우리가 내딛는 발걸음이 주님과 이웃의 기대에 얼마나 상응하는지 깊이 성찰해 보아야 할 때입니다.

프란치스코 교황님과 함께 우리 모두 '살아있는 교회'가 되기를 바라며 이 책의 출간을 진심으로 축하합니다.

한국천주교주교회의장
김희중 대주교

차례

머리글

'걷기'[1] 라는 단어는 프란치스코 교황님이 즉위하신 이후 가장 많이 사용하신 말입니다. 프랑스 출신 소설가 베르나노스 Bernanos가 "모든 것이 은총입니다"라고 했다면, 프란치스코 교황님은 "모든 것이 걷기입니다"라고 하신 거지요. 그리스도인의 모든 행동은 한 걸음 한 걸음이 언제나 하느님과 이웃에게 더 가까이 나아가는 여정이어야 한다는 의미입니다. 교

● 본문의 모든 각주는 옮긴이가 달았다.

1. 우리말로 '걷기'라고 옮긴 이탈리아어 '캄미나레camminare'는 기본적으로 발걸음을 옮기는 행위, 두 발로 걸으면서 앞으로 나아가는 행위를 가리킨다. 이 단어는 문맥에 따라 '걷는 것, 걸어가기, 걸어가다, 걷다, 여정' 등으로도 번역할 수 있다.

황님의 교회적 관점에서 '걷기'라는 말은, 하느님의 백성과 세상을 만나기 위해 내적이든 외적이든 자신을 둘러싼 모든 울타리를 걷어내고 자기 자신에게서 나가는 교회의 모습을 총체적으로 드러내 줍니다. 또한 세상 끝날까지 복음 선포의 사명을 수행하면서 이 여정에 대한 책임과 기쁨을 함께 느끼는 교회의 모습도 보여줍니다. 더 나아가 바깥길을 두려워하지 않고, 사람들 가운데서 걷다가 맞닥뜨리게 되는 것들을 두려워하지 않으며, 특히 가난한 이들, 소외된 이들, 억압받는 이들, 삶의 변두리에 내몰린 이들의 외침이 가장 강하게 솟구치는 곳으로 나아가는 것도 두려워하지 않는 교회의 모습도 잘 나타내 줍니다.

이처럼 걷는 여정에 있는 교회는 공생활 동안 팔레스티나 전역을 돌아다니며 복음을 선포하신 예수님의 본보기를 따르고 있습니다. 교회는 예수님을 뒤따르는 제자들과 함께 그분이 가신 길을 걷고 있습니다. 열두 제자가, 모든 것을 버리고 당신을 따르라는 예수님의 부르심을 받고는 몹시 놀라 두려워하던 때를 떠올려 봅시다. 그들이 예수님께 "예, 그렇게 하겠습니다. 우리는 이미 당신을 만나 뵌 적이 있습니다. 기꺼이 당신 곁에 머물고 당신을 따르겠습니다" 하고 응답하던 때를 떠올려 봅시다. 그들은 자기네가 장차 어디로 갈 것인지, 긴 여정 동안 어떤 일을 겪게 될 것인지 전혀 알지 못한 상태였습니다. 그럼에도 예수님을 믿고 그분께 모든 것을 맡기고 길을 나섰습니다. 그들이 장차 삶에서 반복적으로 체험하게 될 일은 역사상 가장 위대한 사건이기도 합니다. 예수님은 그들과 함께 걸으면서 정화와 마음의 쇄신을 위해 그들이 내려놓아야 할 세속적 정신이 무엇인지 깨우쳐 주시고, 하느님의 나라를 맞이하기 위해 바라보아야 할 것이 무엇인지를 가르쳐 주셨습니다. 그들은 놀라움과 두려움을 체험하면서, 또 거부당하고 넘어지고 다시 일어서는 과정을 겪으면서 진정한 승리는 십자가의 삶을 통해 얻을 수 있다는 것을 차츰 깨달게 되었습니다. 그리스도께서 당신의 수난과 죽음과 부활을 예고하면서 기꺼이 짊어지신 십자가의 삶을 끝까지 뒤따르는 데 참된 승리가 있음을 깨달은 것입니다.

사람들은 예수님의 첫 제자들과 열두 사도의 신앙을 묵상하는 데 충분한 시간을 들이지 않습니다. 예수님에 대해, 그리고 그분과 함께 걷는 삶에 대해 강한 체험을 한 첫 제자들과 열두 사도는 교회의 항구한 사명이자 이 지상에서 결코 끝맺을 수 없는 기나긴 선교 여정을 시작했습니다. 그들이 속한 초대 그리스도교 공동체와 역사적이고 영적인 차원에서 하나로 굳게 연결된 우리도, 오늘날 프란치스코 교황님에게서 '예수님의 첫 제자들과 사도들이 걸은 여정에 동참하라는 권고'를 새롭게 듣고 있습니다. 다른 한편으로 교황님은, 우리가 그 여정에 지쳤거나 확신이 없어 현재 멈춰 선 상태라면 그 여정을 다시 시작하라고 초대하십니다. 또한 '신앙은 걷기'임을 깨닫지 못한 채 아직 첫발도 내딛지 않았다면, 지금 곧 그 여정을 시작하라고 초대하십니다.

'걷기'는 복음의 진리를 찾아 나서는 움직임입니다. 복음은 그 진리를 발견한 사람이, 자신이 발견한 것을 세상에 선포하고 새롭게 변화된 삶으로 그 진리를 증거하도록 재촉합니다. 이와 관련하여 프란치스코 교황님의 강론은 복음의 진리를 발견하기 위해 우리가 어디로, 어떻게 발걸음을 옮겨야 하는지를 설명하는 데 초점을 맞추고 있습니다. 이를 통해 개인적 차원에서는 자신을 쇄신하고 성화하는 데 도움을 주고, 공동체적 차원에서는 사랑과 일치와 평화의 유대 안에서 모두가 하나의 교회 공동체를 건설하는 데 도움을 줍니다. 성경의 언어로 다시 표현하자면, 프란치스코 교황님이 말씀하시는 것은 이것입니다. 누구든지 '생명과 해방을 주시는 성령의 법에 따라'로마 8,2 그리스도 안에서 '걷고 뿌리내리고 자신을 굳건히 세우려'콜로 2,6-7 한다면, "빛 속에서"1요한 1,7 그리고 "사랑 안에서"에페 5,2 '새로운 삶의 길을 걷고'로마 6,4 싶다면, 그리스도인으로서 삶의 중심에 무엇을 놓아야 하는지, 무엇을 버려야 하는지 알아야 한다는 것입니다.

우리가 버려야 할 것은 위선, 허영, 고정관념, 진부하고 습관화된 사고와 행동, 형식주의, 출세주의, 세속적 정신, 오만함, 험담, 불평 등 우리의 신앙을 의심하게 만들고 복음의 증거를 신뢰하지 못하게 만드는 것들입니다. 이러한 것들은 때로 명백하게 드러나기도 하지만 은밀히 감춰진 경우도 많습니다. 프란치스코 교황님은 이 모든 것을 우리 삶에서 철저하게 제거해야 한다고 기회가 될 때마다 분명한 어조로 강조하셨습니다. 그래서 앞에서 언급한 것들은 교황님의 강론에 자주 등장하는 라이트모티프leitmotiv, 중심 주제가 되었습니다. 이 밖에도 교회적 차원이든 사회적 차원이든 교황님이 고발하시는 문제의 중심에는 권력, 돈, 부패, 소비주의, 착취, 남용, 낭비, 폐기 문화, 무관심, 전반적 차원에서 자행되는 인간 존엄성에 대한 무시 등이 자리 잡고 있습니다.

이와 달리 우리가 삶의 중심에 놓아야 할 대상은 예수 그리스도와 그분의 인격과 메시지입니다. 우리가 실천해야 하는 내적이고 교회적인 여정은 바로 이것입니다. 예수 그리스도만이 우리에게 반드시 필요한 분임을 깨닫는 것이고, 삶에서 몇 번을 넘어지든 상관없이 언제나 예수님이 우리를 일으켜 주시도록 그분께 우리 자신을 의탁하는 법을 배우는 것입니다. 예수님의 자비, 용서, 변함없는 사랑이 세 가지 주제는 프란치스코 교황님의 사목적 전망을 주도하는 것입니다은 우리에게 위로와 확신, 희망, 그리고 계속해서 앞으로 나아가게 하는 용기를 주는 하느님의 영원한 '자애'를 담고 있기 때문입니다.

신앙인의 여정은 결코 혼자만의 길이 아닙니다. 하느님이 항상 그 길을 앞서 가십니다. 하느님은 십계명과 교회법에서 흔히 볼 수 있는 "하지 마라!"는 식으로 우리 삶을 통제하는 규범이나 규칙을 제시하기 위해 앞서 가시는 것이 아닙니다. 이미 베네딕토 16세께서 보여주신 것처럼, 프란치스코 교황님도 신앙인들의 기존 가치관을 완전히 뒤집어 놓으셨습니다. 다시 말해 십계명과 교회법은 우리를 통제하고 가두기 위한 것이 아니라 하느님의 뜻에 따라 올바르고 선한 길을 걷는 데 필요한 표지판과 같은 것임을 일깨워 주셨습니다. 성체성사를 비롯한 그리스도교 입문성사는, 아우구스티노 성인이 '사랑의 경륜'이라고 부른 참 생명의 삶을 실현하기 위해 반드시 필요한 첫째 수단들입니다. 달리 말하면, 입문성사는 우리 여정의 목적지인 미래의 세계를 향해 언제나 시선을 고정하는 동시에 지금 여기서부터 참 생명의 삶을 살기 위해 우리가 반드시 거쳐야 하는 조건들입니다.

또한 우리에게는 풍성한 은총으로 우리를 돕기 위해 찾아오시는 성령이 계십니다. '다양한 선물을 베푸시면서 우리를 도와주시는 성령'은, 프란치스코 교황님의 교리교육에서 매우 중요한 주제입니다. 교황님은 칠성사뿐 아니라 성령에 대한 교리교육에서도 아주 다양한 이미지를 활용하십니다. 마리아와 요셉을 비롯한 모든 성인의 본보기는 우리의 신앙 여정을 지치지 않게 도와주는 버팀목입니다. 그들에 대해 배우고 전구를 청하는 것은 그들과 똑같아지기 위한 것이 아니라, 그리스도교 신앙생활의 의미와 실제를 배우고 익히는 데 도움을 받기 위한 것입니다. 또한 그들의 본보기를 따르고 그리스도의 신비를 더욱 깊이 깨닫기 위한 것입니다.

마지막으로 빼놓을 수 없는 것이 바로 '기도'입니다. 우리는 마음속에서 우러나는 기도를 쉼 없이 바쳐야 합니다. 기도 없이는 누구도 그리스도인으로서 활동할 수도, 살 수도 없기 때문입니다. 우리는 하느님이 우리 자신과 세상 모든 이의 아버지라는 확신을 가지고 그분께 '일용할 양식'과 용서, 그리고 시련을 견디기 위해 도움을 청하는 기도를 바쳐야 합니다. 기도가 없으면 하느님과 우리를 하나로 이어주는 다리가 없어지는 것입니다.

프란치스코 교황님은 우리에게 언제나 용기와 희망을 북

돕워 주면서, 이와 같은 영성과 교회적 식별을 담은 가르침을 통해 우리를 새롭고 참된 신앙생활로 이끌어 주십니다. 교황님이 사제로서 지닌 부성애, 사목자로서 지닌 단순함, 그리고 친근하면서도 활기 있고 직설적인 설교 방식은 우리의 마음을 환하게 밝혀주고, 서로가 내적이고 친밀한 유대관계를 자연스럽게 형성하도록 이끌어 줍니다. 이것은, 그리스도인의 삶이 자기 자신과 맞서고 악을 거스르는 싸움의 연속임을 잊지 않게 해주는 교황님의 강력한 메시지나, 그분의 지속적이고 매서운 고발에서도 예외는 아닙니다. 교황님의 강론과 설교에는 언제나 신뢰와 기쁨의 메시지가 담겨있습니다. 이 메시지로 말미암아 우리는 여러 가지 싸움을 더욱 수월하게 이겨내게 되고, 우리가 걷는 길, 영적이고 사목적인 관점에서 우리가 걷는 모든 길은 신앙의 친교와 형제애를 살아가는 백성과 만나는 장소가 됩니다.

줄리아노 비지니

1 '걷기'에 관한 복음

걷기와
그 목적지

예수님이 신앙에 불어넣어 주시는 충만함은 아주 중요한 것입니다. 신앙 안에서 그리스도는 하느님의 사랑을 온전하게 드러내 주시는 분으로 우리가 믿음을 고백하는 대상일 뿐 아니라 우리가 믿기 위해서 일치해야 할 분이기도 합니다. 신앙은 예수님을 바라보는 것일 뿐 아니라 예수님의 관점에서 그분의 눈으로 바라보는 것이기도 합니다. 우리는 삶의 여러 분야에서 우리 자신보다 전문가들을 더 신뢰합니다. 집을 짓는 건축가를, 병을 치료하는 약을 제조하는 약사를, 법정에서 우리의 권익을 보호해 주는 변호사를 신뢰합니다. 우리는 하느님과 관련한 것들에 대해서도 믿을 만하고 전문적인 누군가를 필요로 합니다. 하느님의 아드님이신 예수님은 우리에게 하느님을 알려주시는 분으로 당신 자신을 드러내셨습니다.요한 1,18 그리스도의 삶, 곧 아버지를 알고 그분과의 관계에서 충만한 삶을 사는 그리스도의 길은 인간 체험에 새로운 영역을 열어줍니다. 따라서 우리도 그 영역 안으로 들어갈 수 있습니다. 복음사가 요한은 '믿다'라는 동사를 다양하게 활용하면서 예수님과의 인격적 관계가 우리의 신앙에 매우 중요하다는 것을 가르쳐 주었습니다. 또한 예수님이 우리에게 하신 말씀이 참되다는 믿음을 말하기 위해 '~에 대해 믿다'라는 표현14,10; 20,31을 사용한 것은 물론이고, 예수님에 대한 직접적인 믿음을 표현하기 위해 '~를 믿다'와 '~의 존재를 믿다'라는 표현도 사용했습니다.[2] 예수님은 진실하신 분이기에 우리

2. '~에 대해 믿다'라는 말은 예수님이 하신 말씀의 참됨을 믿는다는 것을, '~를 믿다'라는 말은 참된 말씀을 하시는 예수님 자체가 진실하신 분임을 믿는다는 것을, '~의 존재를 믿다'라는 말은 앞에서 언급한 것보다 더 깊고 완전한 믿음, 곧 하느님의 아드님이시며 우리의 구세주로 오신 예수님의 실존 자체를 믿는다는 것을 표현한다.

가 그분의 말씀과 증언을 받아들일 때, 우리는 '예수님을 믿는다'고 말할 수 있습니다.6,29 우리가 예수님을 직접적으로 우리의 삶 안에 맞아들이고 그분을 신뢰하면서 사랑으로 그분과 하나 되고 그분의 길을 따라 걸을 때, 우리는 '예수님의 존재를 믿는다'고 말할 수 있습니다.2,11; 6,47; 12,44

하느님의 아드님은 우리가 당신을 알아보고 맞아들이고 뒤따를 수 있도록 우리의 몸을 취하셨고, 그 결과 아버지에 대한 그분의 시각도 우리의 시간 속에서 이루어지는 걷기와 여정을 통해 인간적인 방식으로 형성되었습니다. 그리스도인의 신앙은 말씀의 육화와 그 말씀의 육체적 부활에 대한 신앙이며, 우리의 역사 안에 들어오실 만큼 우리에게 가까이 다가오신 한 분이신 하느님에 대한 신앙입니다. 이 땅에 육화하신 하느님의 아들 나자렛 사람 예수님에 대한 신앙은 우리를 현실에서 분리하는 것이 아니라 그 현실의 가장 심오한 의미를 깨닫게 하고, 하느님이 이 세상을 얼마나 사랑하시는지를, 그리고 이 세상이 당신을 향하도록 끊임없이 이끌고 계심을 알아차리게 해줍니다. 또한 이 신앙은 그리스도인이 지상의 여정에 더욱 충실한 자세로 임하면서 열심히 살도록 해줍니다.

우리도 예수님의 관점으로 세상을 바라볼 수 있다는 사실에 근거하여, 바오로 사도는 믿는 이의 삶이 어떠해야 하는지를 그의 서간들 안에 묘사해 놓았습니다. 믿는 이는 신앙의 선물을 받아들임으로써 새로운 피조물로 변화되고, 하느님과 자녀 관계를 맺는 새로운 실존을 부여받으며, 아드님 안에서 아들딸이 됩니다. '아빠, 아버지!'는 예수님 체험의 특성을 가장 잘 드러내 주는 말입니다. 이와 같은 예수님의 체험은 그리스도인 체험의 핵심입니다.로마 8,15 하느님의 자녀로서 신앙을 산다는 것은 인간 실존의 토대를 이루는 근원적이고 본질적인 선물을 알아보고 수용하는 것입니다. 이것은 성 바오로가 코린토 신자들에게 보낸 서간에 잘 요약되어 있습니다. "그대가 가진 것 가운데에서 받지 않은 것이 어디 있습니까?"1코린 4,7 바로 이것이 성 바오로와 바리사이들 사이에 벌어진 논란, 곧 구원은 믿음으로 얻는 것인지 아니면 율법에 따른 행위로 얻는 것인지에 대한 논쟁의 핵심입니다. 성 바오로가 거부한 것은, 자신의 행위로 하느님 앞에서 의롭게 되고자 하는 이들의 태도였습니다. 그런 이들은 계명에 순종할 때나 착한 일을 할 때나 항상 자기 자신을 중심에 놓고는 모든 선의 근원이 하느님이심을 깨닫지 못합니다. 그렇게 행동하는 이들, 곧 스스로가 의로움의 근원이 되고자 하는 이들은, 자기네가 내세우는 의로움이 쉽게 사라지고 율법에 대한 충실함을 유지할 수도 없다는 사실을 알게 됩니다. 그뿐 아니라 주님과 다른 이들에게서 멀어져 자신 안에 홀로 갇혀 삶은 허무하게 되고, 그들이 하는 일은 물에서 멀리 떨어져 메마른 나무처럼 열매를 맺지 못합니다. 성 아우구스티노는 그러한 현실을 다음과 같이 간결하고 효과적인 말로 표현했습니다. "당신 자신을 찾으러 가야 한다는 명목으로도 당신을 만드신 분에게서 멀어져서는 안 됩니다." 인간이 하느님에게서 멀어짐으로써 자기 자신을 찾을 수 있다고 생각할 때, 그의 실존은 무너져 내리고 맙니다.루카 15,11-24 구원은 우리를 앞서 있는 것에, 곧 삶을 지탱해 주고 실존을 보호해 주는 원초적인 선물에 자신을 개방하는 데서 시작합니다. 이 원초적인 선물에 자신을 개방하고 그것을 알아볼 때만 우리 자신이 변화될 수 있으며, 구원이 우리 안에서 성취되고 우리 삶에 좋은 열매가 가득 차고 풍요로워질 수 있습니다. 성 바오로가 요약한 것처럼, 믿음을 통한 구원은 하느님 선물의 우위성을 알아보는 데 있습니다. "여러분은 믿음을 통하여 은총으로 구원을 받았습니다. 이는 여러분에게서 나온 것이 아니라 하느님의 선물입니다."에페 2,8

신앙의 새로운 논리는 그리스도께 집중되어 있습니다. 그리스도께 대한 신앙은 우리를 구원합니다. 그리스도 안에서 우리의 삶이 사랑을 향해 완전히 개방되기 때문입니다. 그 사랑은 우리보다 앞서있으며 우리를 내면에서부터 변화시키고, 우리 안에서 우리와 함께 활동하고 있습니다. 이 사실은 이방인의 사도 바오로가 신명기의 한 부분을 구약성경의 심원한 역동성에 어울리게 주석한 대목에서 분명하게 드러나 있습니다. 모세는 백성에게 하느님의 계명은 너무 높거나 너무 멀리 있지 않다고 말합니다. 그러니 누구도 다음과 같이 말해서는 안 됩니다. "누가 하늘로 올라가서 그것을 가져다가 우리에게 들려주리오?" 또는 "누가 바다 저쪽으로 건너가서 그것을 가져다가 우리에게 들려주리오?"신명 30,12.13 성 바오로는 하느님의 말씀이 가까이 있다는 표현을 '그리스도인 안에 계시는 그리스도의 현존'을 가리키는 것으로 해석합니다. "'너는

'누가 하늘로 올라가리오?' 하고 마음속으로 생각해서는 안 된다.' 이 말씀은 그리스도를 모시고 내려오라는 것입니다. 또 말합니다. ''누가 지하로 내려가리오?' 하지 마라.' 이 말씀은 그리스도를 죽은 이들 가운데에서 모시고 올라오라는 것입니다."로마 10,6-7 그리스도는 이 땅에 내려오셨고 죽은 이들 가운데서 부활하셨습니다. 하느님의 아드님은 당신의 강생과 부활로 인간 삶의 여정 전체를 끌어안으셨고 성령을 통하여 우리 마음 안에 머무십니다. 신앙은, 하느님이 우리에게 아주 가까이 계심을 아는 것입니다. 또한 그리스도께서 당신 자신을 위대한 선물로 내어주시어 우리를 내적으로 변화시켜 주시고, 우리 가운데 머무시면서 우리 삶의 기원과 끝, 곧 인생의 여정 전체를 비추는 빛을 주심을 아는 것입니다.

그러므로 우리는, 신앙이 우리에게 가져다준 새로움을 이해할 수 있습니다. 믿는 이가 신앙 안에서 사랑을 향해 자신을 개방하면, 사랑은 그를 변화시켜 줍니다. 또한 믿는 이가 자신에게 선물로 주어진 사랑을 향해 자신을 개방하면, 그의 삶은 자신 너머로 확장됩니다. 이와 관련하여 성 바오로는 다음과 같이 확신했습니다. "이제는 내가 사는 것이 아니라 그리스도께서 내 안에 사시는 것입니다." 갈라 2,20 또한 우리에게 이렇게 권고했습니다. "여러분의 믿음을 통하여 그리스도께서 여러분의 마음 안에 사시게 … 하시기를 빕니다." 에페 3,17 신앙 안에서 믿는 사람인 '나'는 내가 아닌 '다른 분'에 의해 살 뿐만 아니라 '다른 분' 안에서 살 수 있도록 확장됩니다. 그런 나의 삶은 사랑 안에서 풍요로워집니다. 이 모든 것은 성령의 활동으로 이루어집니다. 그리스도인은 예수님의 눈으로 볼 수 있고 그분의 감각으로 느낄 수 있으며 아드님이신 그분의 태도를 지닐 수도 있습니다. 그리스도인은 그분의 사랑, 곧 성령을 함께 나누기 때문입니다. 이 사랑 안에서 그리스도인은 어떤 방식으로든 예수님의 시각을 얻게 됩니다. 이 사랑 안에서 예수님과 하나 되지 않는다면, 우리 마음속에 사랑을 채워주시는 성령의 현존 로마 5,5 이 없다면, 누구도 예수님을 주님이시라고 고백할 수 없습니다. 1코린 12,3

이러한 맥락에서 믿는 사람의 실존은 교회의 실존이 됩니다. 성 바오로는 로마의 신자들에게 모든 믿는 이가 그리스도 안에서 이루는 하나의 몸에 대해 이야기하면서 누구도 자만하지 말라고 충고했습니다. 그리고 "저마다 하느님께서 나누어 주신 믿음의 정도에 따라 건전하게 생각하십시오"로마 12,3 하고 권고했습니다. 믿는 사람은 자신이 고백하는 신앙의 눈으로 자신을 바라보는 법을 배웁니다. 그리스도의 모습은, 믿는 사람이 실현해야 하는 자신의 모습을 발견할 수 있는 거울입니다. 그리스도는 믿는 사람 모두를 당신 안에 모아들이시어 당신의 몸이 되게 하십니다. 따라서 그리스도인은 그리스도와의 관계에서, 그리고 신앙으로 맺어진 형제자매들과의 관계에서 자신도 그리스도의 몸을 이루는 지체임을 깨닫게 됩니다. 여기서 '몸'이라는 이미지는 믿는 사람을 단순히 어떤 이름 없는 전체의 한 부분처럼 취급하거나 어떤 커다란 톱니바퀴의 한 부품으로 전락시키는 것이 아니라 그리스도와 믿는 이들 사이, 그리고 모든 믿는 이들 사이의 생생한 일치를 강조하는 것입니다.12,4-5 그리스도인들은 각자의 고유한 개성을 그대로 간직한 채 모두 "하나"갈라 3,28가 되며, 서로 다른 이들을 섬김으로써 저마다 자신의 실존을 충만히 실현하게 됩니다. 그렇기 때문에 이 몸을 떠나서는, 다시 말해 그리스도 안에서 이루어지는 교회의 일치를 벗어나서는, 그리고 로마노 과르디니Romano Guardini의 표현대로 "그리스도의 포

괄적인 시각을 이 세상에 가져다주는 역사적 도구"인 교회를 떠나서는 신앙이 그 '기준'을 잃고 균형을 유지하지 못하며 지탱할 수조차 없다는 것을 깨닫게 됩니다. 우리가 그리스도와 한 몸이 되어 고백하는 신앙은 믿는 이들 사이에서 이루어지는 구체적인 친교로서 교회적 형태를 띨 수밖에 없습니다. 그리스도인 개개인이 모든 사람을 향해 자신을 개방하도록 신앙이 이끄는 곳이 바로 이 장소적 개념의 교회니까요. 단 한 번이라도 제대로 그리스도의 말씀을 듣게 되면, 그 말씀은 고유한 힘으로 그 말씀을 들은 그리스도인 안에서 응답의 말씀으로 변화되며 그 자체가 선포된 말씀, 곧 신앙의 고백이 됩니다. 이를 두고 바오로 사도는 이렇게 말했습니다. '마음으로 믿고 입으로 고백합니다.'로마 10,10 신앙은 사적인 사건이나 개인적인 개념 또는 주관적인 견해가 아닙니다. 신앙은 들음에서 오며 말로 표현되고 선포되어야 합니다. 실제로 "자기가 들은 적이 없는 분을 어떻게 믿을 수 있겠습니까? 선포하는 사람이 없으면 어떻게 들을 수 있겠습니까?"10,14 따라서 신앙은 그리스도인들이 받은 선물, 곧 그들을 그리스도께 이끄는 사랑에서 시작하여 그들 안에서 작용합니다.갈라 5,6 또한 역사 안에서 그 완성을 향해 순례하는 교회의 여정에 동참하게 합니다. 이러한 식으로 변화된 이에게는 새로운 방식으로 세상을 바라보는 시각이 열리고, 신앙은 그들의 눈을 밝히는 빛이 됩니다.

복음이 지닌 영원한 새로움

새로운 선포는 믿는 이들에게, 그리고 신앙이 미지근한 이들과 냉담 교우들에게도 신앙 안에서 새로운 기쁨을 맛보게 하고 복음화의 풍요로움을 체험하게 해줍니다. 사실 새로운 선포의 핵심과 본질은 언제나 동일합니다. 죽고 부활하신 그리스도 안에서 당신의 한없는 사랑을 드러내신 하느님이 그 핵심이자 본질입니다. 하느님은 당신을 충실히 섬기는 이들을 그 나이와 상관없이 언제나 새롭게 해주십니다. 그러기에 '주님께 바라는 이들은 새 힘을 얻고 독수리처럼 날개 치며 올

라갑니다. 그들은 뛰어도 지칠 줄 모르고 걸어도 피곤한 줄 모릅니다.'이사 40,31 그리스도께서는 "영원한 복음"묵시 14,6이시고 "어제도 오늘도 또 영원히 같은 분"히브 13,8이시지만, 그분의 풍요와 아름다움은 다함이 없습니다. 그분은 언제나 생기 넘치시며 새로움의 끝없는 원천이십니다. 교회는 '하느님의 풍요와 지혜와 지식의 깊이'로마 11,33에 끊임없이 경탄합니다. 그러기에 십자가의 성 요한은 다음과 같이 말했습니다. "하느님의 지혜와 지식은 너무나 깊고 넓어서 우리가 깨닫고 또 깨달아도 끝이 없습니다." 또한 이레네오 성인은 이렇게 말했습니다. "그리스도께서 이 땅에 오심으로써 온갖 새로움을 다 가져다주셨습니다." 그분은 당신의 새로움으로 언제나 우리의 삶과 공동체를 새롭게 해주실 수 있습니다. 따라서 교회가 어둡고 나약한 시기를 보낸다고 해도 그리스도교의 메시지는 결코 퇴색할 수 없습니다. 예수 그리스도는 당신을 가두어 두려는 우리의 진부한 도식을 깨뜨리고 당신의 끊임없는 신적 창조력으로 우리를 놀라게 하실 수도 있습니다. 우리가 원천으로 되돌아가 복음 본래의 새로움을 되찾으려 할 때마다 우리 앞에 새로운 길들, 창조적인 방법들, 다양한 형태의 표현들, 더욱 풍부한 의미를 담은 기호들, 현 시대에 적합한 새로운 의미를 담은 용어들이 나타날 것입니다. 사실 온갖 형태의 참다운 복음화 활동은 언제나 '새로운 것'입니다.

그리스도인의
세 가지 움직임

오늘은 '움직임'에 대해 살펴보겠습니다. 곧 걷고 세우고 고백하는 움직임입니다.

첫째 움직임은 '걷기'입니다. "야곱 집안아 자, 주님의 빛 속에 걸어가자!"이사 2,5 하느님이 아브라함에게 하신 첫 말씀도 당신의 현존 안에서 걸어가며 흠 없이 살라는 것이었습니다. "너는 내 앞에서 살아가며 흠 없는 이가 되어라."창세 17,1 걷기, 곧 우리의 삶은 여정입니다. 따라서 우리가 걸음을 멈춘다면 일이 제대로 진행되지 않습니다. 그러므로 우리는, 하느님이 아브라함에게 축복을 약속하실 때 요구하신 흠 없는 삶을 살려고 노력하면서 언제나 주님의 현존 안에서, 주님의 빛 속에서 걸어가야 합니다.

둘째 움직임은 '세우기'입니다. 바로 교회를 세우는 것입니다. 여기서 중요한 것은 '돌'입니다. 돌은 견고한 것입니다. 하지만 교회를 세우는 데 사용하는 것은 살아있는 돌이며 성령으로 도유된 돌입니다. 이 돌들로 그리스도의 신부인 교회를, 모퉁잇돌이 되신 주님 위에 그분의 교회를 세우는 것입니다. 바로 이것이 우리 삶의 또 다른 움직임인 세우기입니다.

셋째 움직임은 '고백하기'입니다. 우리는 원하는 만큼 걸어갈 수 있고 많은 것을 세울 수 있습니다. 하지만 예수님을 그리스도라고 고백하지 않는다면 뭔가 잘못된 것입니다. 이 경우 우리는 자선을 하는 비정부기구의 협력단체는 될 수 있어도 주님의 신부인 교회는 될 수 없을 것입니다. 걷지 않을 때, 우리는 멈춰 섭니다. 살아있는 돌들로 건물을 짓지 않는다면 무슨 일이 생길까요? 어린이들이 해변에서 모래로 성을 쌓을 때와 똑같은 일이 벌어집니다. 견고하지 못한 것은 모두 무너져 내립니다. 예수님을 그리스도라고 고백하지 않을 때는 어떤 일이 벌어질까요? 이와 관련하여 레옹 블루아Léon Bloy가 남긴 말이 떠오릅니다. "주님께 기도하지 않는 사람은 악마에게 기도하는 것입니다." 예수님을 그리스도라고 고백하지 않으면, 악마의 속된 마음, 곧 마귀의 속된 정신에 빠져듭니다.

걷고 세우고 고백하기, 이 세 가지는 말처럼 그리 쉬운 일이 아닙니다. 걷고 세우고 고백하는 데는 때로 우리의 움직임을 방해하는 흔들림도 있고, 앞으로 나아가는 걸음이 아니라 우리를 뒤로 잡아끄는 움직임도 있기 때문입니다.

복음에서 베드로의 신앙 고백 장면은 특별한 상황으로 이어집니다. 예수님을 그리스도라고 고백한 베드로는 이렇게 말합니다. "당신은 그리스도이시고 살아계신 하느님의 아드님이십니다. 저는 당신을 뒤따르겠습니다. 하지만 십자가에 대한 이야기는 꺼내지 맙시다. 십자가는 우리와 아무 상관이 없습니다. 저는 십자가 아닌 다른 것들을 가지고 당신을 뒤따르겠습니다." 우리가 십자가 없이 걷는다면, 십자가 없이 교회를 세운다면, 십자가에 못 박히지 않은 그리스도를 믿는다고 고백한다면, 우리는 주님의 제자가 아니라 세속에 속한 사람일 뿐입니다. 그런 경우에 우리는 사제, 주교, 추기경, 교황일 수는 있어도 주님의 제자일 수는 없습니다.

저는 우리 모두가 이 은총의 시간을 보낸 다음 참된 용기를 지속적으로 간직하면 좋겠습니다. 다시 말해 주님의 현존 안에서 그분의 십자가와 함께 걸을 수 있는 용기, 주님께서 십자가에서 쏟으신 피 위에 그분의 교회를 세우는 용기, 그리고 우리의 유일한 영광, 곧 십자가에 못 박히신 그리스도께 신앙을 고백하는 용기를 갖게 되기를 바랍니다. 그렇게 교회는 앞으로 나아갈 수 있습니다.

저는 우리의 어머니이신 성모 마리아의 전구를 통해 성령께서 우리 모두에게 '걷고 세우고 십자가에 못 박히신 예수 그리스도께 신앙을 고백하는' 은총을 충만히 베풀어 주시길 바랍니다.

예수님과 함께 걷기

마르코복음서에는 "예수님께서는 제자들 '앞에 서서 가고 계셨다'" 마르 10,32 라는 말씀이 나옵니다.

그때뿐 아니라 지금 이 순간에도 예수님은 우리를 앞서 걸어가십니다. 그분은 언제나 우리 앞에 계십니다. 우리를 앞서 가시고 우리 앞에 길을 열어주십니다. 그러므로 우리의 확신과 기쁨은 바로 이것입니다. 우리는 예수님의 제자들이고 그분과 함께 머물며 그분 뒤에서 걸어가고 그분을 뒤따른다는 것입니다.

제가 교황으로 선출된 직후 추기경단과 함께 시스티나 성당에서 봉헌한 첫 미사 때 주님이 우리에게 하신 첫째 말씀은 '걷기'였습니다. 주님은 우리에게 걷고 세우고 고백하라고 하셨습니다.

오늘 우리는 그 표현을 다시 듣습니다. 하지만 이번에는 예수님이 우리에게 요구하시는 것이 아니라 그분의 행동을 표현하는 것입니다. 다시 말해 예수님이 계속하신 활동을 표현하는 것입니다. "예수님께서는 제자들 앞에 서서 '가고 계셨다.'" 복음서를 읽어보면, 예수님이 계속 걸으셨고 제자들에게도 긴 여정을 함께하도록 하셨다는 것을 알 수 있습니다. 이것은 매우 인상적이고 중요한 사실입니다. 예수님은 어떤 철학이나 사상이 아니라 하나의 '길', 다시 말해 우리가 당신과 함께 걸어야 할 여정을 가르쳐 주기 위해 오셨습니다. 예수님은 그 길을 열어주고 직접 걸으면서 가르쳐 주십니다. 그렇습니다, 사랑하는 형제 여러분! 예수님과 함께 걷는 것, 바로 이것이 우리의 기쁨입니다.

하지만 이것은 그리 쉬운 일이 아닙니다. 편안하지도 않습니다. 예수님이 선택하신 길은 십자가의 길이기 때문입니다.

예수님은 제자들과 함께 예루살렘을 향해 걸으면서 장차 그곳에서 당신이 겪으실 일에 대해 이야기하셨습니다. 그곳에서 이루어질 당신의 수난과 죽음과 부활을 예고하신 것입니다. 그러자 제자들은 몹시 '놀라워하면서 두려움에 가득 찼습니다.'마르 10,32 사실 그들은 놀랄 수밖에 없었습니다. 그들은 예루살렘에 오르는 일이 메시아의 승리와 개선행진에 동참하는 길이라고 기대했기 때문입니다.

이것은 제베대오의 두 아들 야고보와 요한이 예수님께 청한 것이 무엇인지만 보더라도 쉽게 알 수 있습니다.10,37 다른 한편에서 제자들은 예수님이 겪으셔야 할 일을 두고, 더욱이 자기네들까지도 연루될 수 있는 그 일을 두고 두려움에 가득 찰 수밖에 없었습니다.

당시 제자들은 모르고 있었지만, 우리는 예수님이 승리하실 것이고 십자가에 대해 전혀 두려워할 필요가 없다는 것을, 아니 오히려 십자가 안에서 우리의 희망을 발견할 수 있다는 것을 잘 알고 있습니다. 우리는 언제나 나약한 인간이고 죄인이며 하느님의 방식이 아니라 인간의 방식으로 생각하고 싶은 유혹을 받지만, 예수님의 십자가는 이 모든 것을 이겨내게 해줍니다.

우리가 세속적인 방식으로 생각할 때, 어떤 결과가 나올까요? 복음서는 이렇게 말합니다. "다른 열 제자가 이 말을 듣고 야고보와 요한을 '불쾌하게 여기기 시작하였다.'" 마르 10,41 세속적인 방식의 생각에는 불쾌함이 뒤따릅니다. 세속적인 정신이 깃든 곳에는 적대감, 질투, 파벌 등이 생겨납니다.

오늘 주님께서 우리에게 주시는 말씀은 참으로 유익합니다. 그 말씀은 우리를 내적으로 정화해 주고, 우리의 양심을 밝혀주며, 우리가 예수님과 완전히 하나 되도록 도와줍니다.

다른 제자들이 세속적인 생각에 빠진 야고보와 요한을 불쾌하게 여기자, 예수님은 "그들을 '가까이 불러'" 10,42 말씀하셨습니다. 우리는 여기서 주님의 또 다른 행동을 볼 수 있습니다. 예수님은 오랜 여정을 제자들과 함께하시면서 그들에게 말씀하실 필요가 있을 때에는 걸음을 멈추시고 그들을 당신 가까이 부르셨습니다.

그러므로 형제 여러분, 예수님의 부르심을 받아들입시다!

우리를 '함께 부르시는con-vocare'[3] 그분의 초대를 받아들입시다. 주님과 함께 한마음 한 몸을 이루기 위해 그분께 귀 기울입시다. 그렇게 하면 우리는 그분의 말씀을 함께 받아들여서 그 말씀과 성령의 이끄심으로 양육되는 기쁨을 누릴 수 있습니다.

저와 여러분 모두는 우리의 유일한 스승이신 예수님이 불러주신 사람들, 곧 그분 '가까이 불린' 이들입니다. 여기서 저는 교회가 무엇을 필요로 하는지 말하지 않을 수 없습니다. 교회는 바로 여러분을, 여러분의 협력을 필요로 합니다. 그리고 무엇보다도 여러분의 친교를, 다시 말해 저와 여러분 사이뿐 아니라 여러분 서로의 친교를 필요로 합니다. 더 나아가 교회는 기회가 적당하든 그렇지 않든 언제 어디서든지 복음을 선포하고 진리를 증거할 수 있는 여러분의 용기를 필요로 합니다. 교회는 그리스도의 양 떼로서 올바른 길을 가기

3. '불러모으다, 소집하다'라는 뜻을 지닌 이탈리아어 '콘보카레convocare'는 어원적으로 분석하면 '함께con 부르다vocare'라는 뜻을 지닌다. 이 동사는 모임이나 집회를 열기 위해 여러 사람을 불러모으는 행위를 가리킨다. 교황님은 이 동사를 어원적인 의미로 활용하여 '당신과 한 몸을 이루도록 우리를 함께 부르시는 주님의 초대'를 표현하는 데 사용하셨다.

위해 여러분의 기도를 필요로 합니다. 기도는 말씀 선포와 더불어 주교가 실천해야 할 첫째 사명입니다. 이 사실을 절대로 잊지 맙시다! 세상 여러 나라에서 고통과 슬픔이 넘쳐나는 오늘날, 교회는 여러분의 연민을 필요로 합니다. 그러므로 온갖 차별과 박해로 고통을 겪고 있는 모든 그리스도인과 교회 공동체에게 우리가 한마음으로 그들 가까이 있음을 표현합시다. 우리는 온갖 차별에 맞서 싸워야 합니다! 교회는 그들을 위한 우리의 기도를 필요로 합니다. 우리는 그들이 신앙 안에서 굳건하고 선으로 악에 대항할 수 있도록 기도해야 합니다. 또한 종교적 신념 때문에 불의한 고통을 겪는 모든 이를 위해서도 기도해야 합니다.

교회는 우리 자신을 필요로 합니다. 교회는 우리를 평화의 인간으로 변화시키고 우리가 활동과 바람과 기도를 통해 평화를 실현하도록 이끌어 주고자 합니다. 우리는 평화를 실현해야 합니다! 평화를 일구는 사람이 되어야 합니다! 그러므로 오늘날 폭력과 배척과 전쟁으로 시련을 겪고 있는 백성들을 위해 평화와 화해를 간구합시다.

우리 모두 주님을 뒤따라 걸어갑시다. 성실한 백성, 하느님을 섬기는 거룩한 백성 한가운데서, 거룩한 어머니인 교회 안에서 언제나 우리를 당신께로 더욱 가까이 불러주시는 주님의 초대에 응답합시다.

만남의 기쁨

복음의 기쁨은 예수님을 만나는 이들의 마음과 삶 전체를 가득 채워줍니다. 예수님의 구원을 받아들이는 이들은 죄, 슬픔, 내적 허무, 외로움에서 해방됩니다. 예수 그리스도와 함께 계속해서 기쁨이 새로이 생겨납니다.

온갖 방면에 만연한 소비주의와 더불어 오늘날 세상이 직면한 위험은 개인주의에서 오는 슬픔입니다. 이것은 안이하고 탐욕스러운 마음과 피상적인 쾌락을 추구하려는 사악한 집착과 이기적인 양심에서 생겨납니다. 자기 자신에게만 관심이 있는 사람들의 내면에는 더 이상 다른 사람을 위한 자리가 없어서 가난한 이들이 들어오지 못합니다. 또한 하느님의 음성도 더 이상 들을 수 없고 그분의 사랑에서 오는 달콤한 기쁨도 더 이상 누릴 수 없으며 선을 행하려는 열정도 사라집니다. 이것은 신앙인들도 언제든지 직면할 수 있는 현실적인 위험입니다. 많은 이가 이러한 위험에 빠져 삶을 잃어버리고 분노와 불만에 가득 찬 사람으로 변하고 있습니다. 이것은 품위 있고 충만한 삶을 위한 선택이 아니고, 하느님이 우리에게 바라시는 것도 아니며, 부활하신 그리스도의 마음에서 솟아오르는 성령 안에서 사는 삶도 아닙니다.

저는 어떤 곳, 어떤 상황에 있든지 상관없이 오늘 당장 인격적으로 예수 그리스도와 만나라고 여러분 모두를 초대합니다. 아니, 적어도 그분을 만나겠다고 결심하고 날마다 끊임없이 그분을 찾으려고 노력하기를 바랍니다. 누구도, 어떤 이유로든 이 초대가 자신과 무관하다고 생각해서는 안 됩니다. 주님께서 가져다주신 기쁨에서 배제된 사람은 아무도 없기 때문입니다. 주님은 용기를 내어 이 길로 나서는 이를 실망시키지 않으십니다. 누구든지 예수님을 향해 한 발자국만 내딛으면, 그분은 이미 두 팔을 벌려 기다리고 계셨음을 알게 될 것입니다.

지금이 바로 예수님께 이렇게 말씀드릴 때입니다. "주님, 제가 잘못 생각하고 있었습니다. 저는 온갖 이유를 대며 당신 사랑에서 도망치며 살았습니다. 하지만 다시 한 번 당신과의 계약을 새롭게 하려고 지금 이 자리에 나왔습니다. 저는 당신이 필요합니다. 주님, 저를 다시 속량해 주십시오. 당신 구원의 품 안에 다시 저를 받아주십시오." 우리가 길을 잃을 때마다 다시 그분께 돌아갈 수 있다는 것이 얼마나 좋은 일입니까!

저는 다시 한 번 강조합니다. 하느님은 우리를 용서하는 데 지치지 않는 분이십니다. 오히려 우리가 그분의 자비를 청하는 데 지쳐있는 것입니다. 우리에게 "일곱 번이 아니라 일흔일곱 번까지라도"마태 18,22 용서하라고 초대하신 분께서 몸소 본보기를 보여주셨습니다. 예수님은 일흔일곱 번까지라도 용서하시는 분입니다. 그분은 우리가 길을 잃을 때마다 매번 우리를 찾아오시어 당신 어깨에 짊어지십니다. 이 무한하고 확고한 사랑이 우리에게 부여한 존엄성을 누구도 빼앗을 수 없습니다. 예수님은 우리를 결코 실망시키지 않으시며 언제나 기쁨을 되찾게 하는 당신의 온유함으로, 우리가 고개를 들고 다시 시작할 수 있게 해주십니다.

예수님의 부활에서 멀어져서는 안 됩니다. 어떤 일이 있어도 절대 포기해서는 안 됩니다. 예수님의 생명만이 우리를 앞으로 나아가도록 이끌어 줄 수 있습니다!

2 신앙의 여정과 성사생활

성사생활

교회는 자녀들에게 자신이 기억하고 있는 것을 전해줍니다. 모든 가정이 그렇듯이 말입니다. 그런데 신앙의 유산을 하나도 빠짐없이 모두 이해시키려면 어떻게 해야 할까요? 교회의 바탕이 되는 기억에 좀 더 생생하게 접근하려면 성령의 도우심으로 교회 안에 보존되어 있는 사도전승을 통해서 다가가야 합니다. 제2차 바티칸공의회가 천명한 것처럼 사도들이 전해준 것은 "하느님 백성의 거룩한 삶을 유지시키고 신앙을 성장시키는 데 필요한 모든 것을 포함하고 있습니다. 따라서 교회는 가르침과 삶과 예배를 통해서 자신의 모든 것과 자신이 믿는 모든 것을 영속시키고 모든 세대에게 전해줍니다."

사실 신앙은 그 자체를 증거하고 전할 수 있는 환경을 필요로 합니다. 또한 이 환경은 전하기에 알맞고, 또 어울려야 합니다. 순수하게 교리적인 내용이나 사상을 전하는 데는 어쩌면 책 한 권이나 구두로, 메시지를 반복하는 것만으로 충분할 수 있습니다. 하지만 교회가 전하는 것, 살아있는 교회 전승이 전하는 것은 살아계신 하느님과의 만남에서 나오는 새로운 빛입니다. 이 빛은 인간의 내면 한가운데를, 다시 말해 마음속 깊은 곳을 비추고 그의 정신과 의지와 열정을 건드려서 하느님과의 친교, 또 다른 이들과의 친교 안에서 생생한 관계를 맺을 수 있도록 이끌어 줍니다. 이러한 충만함을 전달하기 위해 인간의 몸과 정신, 내면생활과 외적 관계까지 아울러 전인격을 참여시킬 수 있는 특별한 수단이 존재합니다. 그것은 바로 교회의 전례 안에서 거행하는 여러 가지 성사입니다. 우리 삶의 시공간과 연결되어 있고 우리의 모든감각과 긴밀히 연계되어 있는 구체적인 기억이 성사를 통해서 전달됩니다. 또한 성사를 통하여 인간은 살아있는 주체로서 공동체의 관계망에 참여합니다. 그러므로 이 성사가 신앙의 성사가 확실하다면, 신앙은 성사적 구조를 지녔다고 말할 수 있어야 합니다. 신앙을 다시 깨우는 일은, 가시적이고 물질적인 것이 어떻게 영원한 신비를 향해 자신을 개방하는지를 보여주면서 인간의 삶과 그리스도인의 실존에 대한 새로운 성사적 감각을 일깨우는 것에서 시작됩니다.

신앙의 전달은 가장 먼저 세례성사를 통해 이루어집니다. 어떤 이들에게는 세례가 신앙고백을 상징적으로 표현하는 방법 가운데 하나쯤으로 보일 수 있습니다. 또는 신앙이 성장한 후에는 불필요하지만 초심자에게는 필요한, 신앙고백의 상징이나 행위를 표현하기 위한 교육 수단 정도로 보일 수도 있겠지요. 하지만 성 바오로의 가르침은 세례성사가 결코 그렇지 않음을 알려줍니다. "과연 우리는 그분의 죽음과 하나 되는 세례를 통하여 그분과 함께 묻혔습니다. 그리하여 그리스도께서 아버지의 영광을 통하여 죽은 이들 가운데에서 되살아나신 것처럼 우리도 새로운 삶을 살아가게 되었습니다." 로마 6,4 세례성사를 통하여 우리는 새로운 피조물이자 하느님께 입양된 그분의 자녀가 됩니다. 바오로 사도는 계속해서 강조합니다. 그리스도인은 "표준 가르침"로마 6,17을 전해 받았고 이 가르침에 마음을 다해 순종해야 한다고 말입니다.

세례성사를 통하여 인간은 고백해야 할 교리와 더불어, 전 인격의 참여를 요구하고 선을 향한 여정에 들어서게 만드는 구체적인 생활양식을 받아들입니다. 세례성사를 통하여 인간은 교회 안에서 새로운 세상으로 옮아가고, 새로운 환경에서 함께 행동하는 새로운 삶의 방식을 맞아들입니다. 세례성사는 이처럼 '신앙은 고립된 개인의 일이 아니고, 인간이 혼자 힘으로 할 수 있는 행위도 아니며, 하느님의 선물을 전해주는 교회의 친교 안에 들어가서 받아야만 하는 것'입니다. 스스로 태어난 사람이 아무도 없는 것처럼, 누구도 자기 자신에게 세례를 줄 수 없습니다. 우리는 세례를 받았습니다.

새로운 '표준 가르침'으로 우리를 이끌어 주는 세례성사의 요소들은 무엇일까요? 첫째 요소는 예비자에게 세례를 줄 때 부르는 삼위일체의 이름, 곧 성부와 성자와 성령입니다. 이 이름을 부르는 것으로, 그 시작부터 신앙 여정 전체를 요약하는 메시지가 제시됩니다. 아브라함을 부르고 그의 하느님이라 불리기 바라신 하느님, 모세에게 당신의 이름을 계시하신 하느님, 당신 아드님을 내어줌으로써 당신 이름의 신비를 완전히 드러내신 하느님은 세례받은 이에게 당신의 자녀라는 새로운 정체성을 선물하십니다.

이러한 방식으로 세례성사에서 이루어지는 행위, 곧 물속에 잠기는 행위의 의미가 드러납니다. 여기서 물은 '나'의 회개를 통하여 더 큰 '나'에게 개방되도록 초대하는 죽음의 상징인 동시에, 생명의 상징, 곧 그리스도를 뒤따르는 새로운 실존으로 다시 태어나게 하는 모태의 상징이기도 합니다. 그러므로 물속에 잠기는 행위를 통하여 세례성사는 신앙의 육화에 대해 이야기합니다.

그리스도의 행위는 우리 각자의 실존 깊숙한 곳까지 영향을 미쳐 우리를 완전하게 변화시켜 하느님의 양자가 되게 하고 그분의 신적 본성에 참여하게 합니다. 또한 우리의 모든 관계, 다시 말해 이 세상과 우주 안에 자리 잡은 우리의 구체적인 현실을 변화시켜 당신 친교의 삶을 향해 개방하도록 이끌어 줍니다.

세례성사에서 이루어지는 변화의 역동성은 예비신자 기간의 중요성을 이해하는 데 도움을 줍니다. 오늘날 그리스도교의 옛 뿌리를 간직한 사회에서도 점점 더 많은 사람들이 세례성사를 받으려는 현실에서, 예비신자 기간이 새로운 복음화를 위해 얼마나 중요한지가 재확인되고 있습니다. 이 기간은 그리스도 안에서 실존 전체가 변화되는 세례성사를 준비하는 때입니다.

세례성사와 신앙의 관계를 이해하기 위해서는 이사야 예언서의 한 본문을 기억하는 것이 좋습니다. 이 본문은 옛 그리스도교 문헌에서 세례성사와 연관 지어 언급된 것입니다. "바위로 된 산성이 그의 피신처가 되고 … 물도 떨어지지 않으리라."이사 33,16 죽음의 물에서 해방된 세례받은 이는 '바위로 된 산성'에 발을 딛고 똑바로 설 수 있습니다. 자신을 내맡길 수 있는 안전한 피난처를 찾았기 때문입니다. 죽음의 물이 생명의 물로 변화된 것입니다. 그리스어 본문에서는 "떨어지지 않으리라" 대신 '충실하리라pistós'[4]로 물을 표현합니다. 세례성사의 물은 충실합니다. 그 물은 우리가 신뢰할 수 있고, 또

4. '충실하다'라는 뜻을 지닌 그리스어 형용사 pistós는 '신앙이 있다'라는 뜻도 지닌다. 따라서 옛 교회 저술가들은 물을 수식하는 데 pistós라는 단어를 사용한 이사야서 33장 16절의 그리스어 본문을 세례성사와 신앙의 관계를 설명하는 데 적극 활용했다.

우리 인생 여정을 위한 안전함이라는 샘이신 예수님 사랑의 힘으로 끌어올려져 흐르고 있기 때문입니다.

새로운 이름과 새로운 생명을 받는 세례성사의 구조, 곧 새로 태어남의 양식은 유아세례의 의미와 중요성을 이해하는 데 도움을 줍니다. 어린이는 자유롭게 신앙을 받아들일 수 없고 스스로 신앙을 고백할 수도 없습니다. 이러한 이유에서 유아세례 때 어린이를 대신하여 그 부모와 대부모가 신앙을 고백합니다. 신앙은 교회 공동체 안에서 실천되고 '우리'에게 속하게 됩니다. 그렇게 어린이는 부모와 대부모의 도움을 받아 그들의 신앙, 곧 교회의 신앙을 받아들입니다. 이 신앙은 세례성사 전례에서 어린이의 아버지가 손에 든 세례초에서 발하는 빛이 상징하는 것입니다. 세례성사의 이러한 구조는 신앙을 전해주는 일에서 교회와 가정의 협력이 얼마나 중요한지를 알려줍니다. 아우구스티노 성인의 말에 따르면, 부모는 단순히 자녀를 이 땅에 태어나게 하는 것뿐 아니라 그들을 하느님께 데려가 세례성사를 통하여 하느님의 자녀로 다시 태어나게 하고 신앙의 선물을 받게 하도록 부르심을 받았습니다. 이로써 자녀들에게 지상의 생명과 더불어 근본적인 존재 방식과 좋은 미래에 대한 확신이 주어집니다. 그들에게 주어진 새롭고 근본적인 존재 방식은 견진성사를 통한 성령의 인호로 더욱 확고해질 것입니다.

신앙의 성사적 특성은 성체성사에서 가장 분명하게 드러납니다. 성체성사는 신앙의 귀중한 양식이며 숭고한 사랑의 행위, 다시 말해 '생명을 낳는 자기 증여'를 통하여 우리 가운데 실제로 현존하시는 그리스도와의 만남입니다.

우리는 성체성사 안에서, 신앙 여정이 이루어지는 두 개의 축이 교차되고 있음을 발견합니다. 그중 하나는 역사의 축입니다. 성체성사는 기억하는 행위, 곧 신비를 현재화하는 것입니다. 이를 통해 죽음과 부활 사건이라는 과거는 미래를 열어주고 세상 끝날에 이루어질 충만함을 미리 맛보게 합니다. 전례는 '호디에hodie', 곧 구원의 신비가 펼쳐지는 '오늘'이라는 표현으로 이 사실을 상기시켜 줍니다. 또 다른 하나는, 보이는 세상에서 보이지 않는 세상을 향해 이끌어 주는 축입니다. 우리는 성체성사 안에서 현실의 깊이[5]를 보는 법을 배웁

5. 겉으로 드러난 것 안에 감춰진 본질을 의미한다.

니다. 빵과 포도주는 성부를 향해 가는 파스카 여정 중에 계신 그리스도의 몸과 피로 변화됩니다. 그리스도의 여정은 하느님 안에서 이루어질 충만함을 향해 나아가는 창조 세계 전체의 여정 안으로 우리의 몸과 마음을 이끌어 줍니다.

교회는 성사 거행에서 특별히 신앙고백을 통해 자신의 기억을 전해줍니다. 신앙고백은 일련의 추상적 진리에 대해 단순히 동의를 표현하는 것이 아닙니다. 신앙고백을 통하여 우리의 삶 전체는 살아계신 하느님과 함께하는 충만한 친교를 향한 여정에 들어갑니다. 신경信經을 통해, 믿는 이는 자신이 고백하는 신비 안으로 들어가고 자신이 고백하는 것에 의해 변화되도록 초대를 받습니다.

이 말의 의미를 이해하기 위해 먼저 신경의 내용을 되짚어 봅시다. 신경은 삼위일체적 구조를 지니고 있습니다. 다시 말해 성부와 성자는 사랑의 성령 안에서 하나 되어 계십니다. 따라서 신경 안에서, 믿는 이는 모든 존재의 핵심이자 모든 것 안에 담긴 가장 심오한 비밀은 하느님과의 친교임을 선언합니다. 한 걸음 더 나아가 신경은 그리스도론적 신앙고백도 담고 있습니다. 영광 가운데 다시 오시리라는 기다림 안에서,

예수님의 죽음과 부활과 승천에 이르기까지 그분 삶의 신비를 되돌아보기 때문입니다. 따라서 신경은 성령 안에서 사랑을 나누시는 성부와 성자, 곧 친교의 하느님이 인간의 역사를 끌어안고 당신 친교의 역동성 안으로 이끌 수 있다고 말합니다. 이 친교는 그 기원과 최종 목표를 성부께 두고 있습니다.

신앙을 고백하는 이는 자신이 고백하는 진리에 참여합니다. 자신이 변하지 않는다면 그 누구도 진실하게 신경의 말마디를 읊을 수 없습니다. 다시 말하면 커다란 친교에, 곧 신경을 바치는 궁극적 주체인 교회에 참여하게 하여 자신을 성장시키는 사랑의 역사에 동참하지 않는다면, 그 누구도 진실하게 신경을 고백할 수 없습니다. 신앙은 살아계신 하느님과의 친교를 이루는 여정입니다. 우리가 믿는 모든 진리는, 신앙이 주는 새로운 삶의 신비에 대해 이야기하고 있습니다.

세례성사 I
그리스도와 교회에 접붙여진 이들

세례는 우리 신앙의 기초가 되는 성사이며, 우리를 그리스도와 교회에 접붙여 살아있는 지체가 되게 해주는 성사입니다. 세례성사는 성체성사와 견진성사와 함께 '입문성사'를 이룹니다. 입문성사는 우리를 주님과 하나 되게 하고 그분의 현존과 사랑을 드러내는 생생한 표징이 되게 하는 유일하고도 위대한 성사적 사건을 일컫습니다.

여기서 우리는 다음과 같이 질문할 수 있습니다. 예수님을 따르며 그리스도인으로 살기 위해서는 반드시 세례를 받아야 하는가? 사실상 세례는 사람들에게 세례명을 주기 위해 교회가 마련한 단순한 예식이자 형식적 행위가 아닌가? 세례를 두고 충분히 가능한 질문입니다.

이러한 의문에 대해 바오로 사도는 다음과 같은 명쾌한 대답을 제시합니다. "그리스도 예수님과 하나 되는 세례를 받은 우리가 모두 그분의 죽음과 하나 되는 세례를 받았다는 사실을 여러분은 모릅니까? 과연 우리는 그분의 죽음과 하나 되는 세례를 통하여 그분과 함께 묻혔습니다. 그리하여 그리스도께서 아버지의 영광을 통하여 죽은 이들 가운데에서 되살아나신 것처럼, 우리도 새로운 삶을 살아가게 되었습니다." 로마 6,3-4 이 말씀처럼 세례는 결코 형식적 행위가 아니며 우리 실존 깊은 곳을 건드리는 행위입니다.

세례를 받은 어린이와 세례를 받지 않은 어린이는 전혀 다른 존재입니다. 또 세례를 받은 이와 세례를 받지 않은 이는 전혀 다른 차원의 사람입니다. 우리는 세례성사를 통해 마르지 않는 생명의 샘 깊숙이 잠길 수 있습니다. 이 샘은 인류 역사상 가장 위대한 사랑의 행위인 예수님의 죽음으로 이루어진 것입니다.[6] 우리는 예수님의 그 위대한 사랑에 힘입어 새로운 생명을 얻을 수 있고, 악과 죄와 죽음의 사슬에서 벗어나 하느님과의 친교, 형제들과의 친교 안에 살 수 있습니다.

아주 어릴 때 유아세례를 받은 사람은 대부분 세례 예식에 대한 기억이 없을 겁니다. 여러분 가운데 세례를 받은 날이 언제인지 기억하는 사람 있나요? 우리가 예수님이 이루신 구원의 샘 속에 잠기던 그날을 기억하는 것은 아주 중요합니다.

저는 여러분에게 한 가지 조언을 하려고 합니다. 아니 조언 이상의 것, 한 가지 과제를 드리려고 합니다. 여러분이 세례를 받은 날이 언제인지 알아보고 확인해 보세요. 그러면 여러분이 세례를 받은 아름다운 날을 정확히 기억할 수 있을 겁니다. 우리가 세례 받은 날을 아는 것은 행복한 날을 아는 것과 같습니다. 그날이 언제인지 모르는 것은, 주님께서 우리에게 주신 것에 대한 기억, 다시 말해 우리가 주님께 받은 선물에 대한 기억을 잃어버리는 것과 같습니다. 그렇게 되면 우리

6. 예수님은 믿는 이에게 참 생명을 주기 위해 당신의 위대한 사랑으로 당신 생명을 기꺼이 내어주셨다. 그렇게 해서 예수님의 죽음은 생명을 솟게 하는 샘이 되었다. 따라서 세례를 받는 것은 일차적으로 그 샘 깊숙이 잠기어 예수님의 죽음에 동참하는 것이다.

에게 세례는 단순히 지나버린 과거의 사건, 더욱이 우리 자신의 의지가 아니라 부모의 의지로 이루어진 것으로서 현재에는 아무런 영향도 미치지 못하는 과거사가 되어버립니다.

우리는 세례에 대한 기억을 되살려야 합니다. 우리는 날마다 세례의 삶을 살라는 부르심을 받았습니다. 세례가 과거의 사건이 아니라 지금 현재의 삶에서 생생한 현실이 되게 하라는 부르심을 받은 것입니다. 우리가 한계를 지닌 나약한 죄인임에도 예수님을 따르고 교회 안에 머물 수 있는 것은, 우리를 새 사람이 되게 하고 그리스도를 옷 입게 해준 세례성사 덕분입니다. 사실 우리가 원죄에서 벗어나 예수님이 하느님 아버지와 맺으신 관계 안에 접붙여져 새로운 희망의 전달자가 된 것은 모두 세례성사의 힘 덕분입니다. 우리가 한평생 구원의 길을 계속 가리라는 새로운 희망을 세례성사가 주었기 때문입니다. 누구도, 그 무엇도 이 희망을 꺾을 수 없습니다. 희망은 결코 절망을 모르기 때문입니다. 세례에 힘입어 우리는 우리를 모욕하고 악을 행하는 이들을 용서하고 사랑할 수 있습니다. 그뿐만 아니라 우리를 찾아주시고 당신 가까이 있게 하시는 주님의 얼굴을 보잘것없는 이들과 가난한 이들에게서 발견할 수 있습니다. 이처럼 세례는 궁핍한 이들, 고통받는 이들, 그리고 이웃의 얼굴에서 예수님의 얼굴을 알아볼 수 있도록 도와줍니다. 이 모든 것은 세례가 가져다준 은총으로 이루어지는 일입니다.

세례와 관련하여 마지막으로 짚어볼 것이 또 하나 있습니다. 이것은 아주 중요한 요소입니다. 자, 여러분에게 한 가지 묻겠습니다. 자기 자신에게 세례를 줄 수 있을까요? 혼자서 세례를 받을 수 있는 사람은 아무도 없습니다! 우리는 세례를 원할 수도 있고 청할 수도 있지만, 주님의 이름으로 우리에게 이 성사를 거행해 줄 다른 사람이 반드시 필요합니다. 세례는 형제적 사랑과 나눔 안에서 아낌없이 베풀어지는 선물이기 때문입니다. 지금까지 그랬던 것처럼 앞으로도 계속해서 한 사람이 다른 사람에게 세례를 베풀고, 그렇게 세례를 받은 이가 또 다른 사람에게 세례를 베푸는 일이 반복될 것입니다. 이것은 일종의 사슬과 같습니다. 다름 아닌 은총의 사슬입니다. 이렇듯 본인 스스로 세례를 받을 수 있는 사람은 아무도 없습니다. 누구든지 세례를 받고 싶다면 다른 사람에게 청해야 합니다. 이것은 형제적 사랑의 행위이며 교회의 자녀가 되는 행위입니다. 세례 예식 안에서 우리는 교회의 본모습을 더욱 뚜렷하게 인식할 수 있습니다. 다시 말해 교회는 그리스도 안에서, 성령의 은총으로 새로운 자녀들을 계속 낳아주는 어머니임을 알 수 있다는 것입니다.

이제 마음을 다해 주님께 청합시다. 우리가 세례를 통해 받은 은총을 일상의 삶에서 더욱 풍성히 체험할 수 있게 해주시도록 기도합시다. 그렇게 해서 우리 모두가 하느님의 참된 자녀로, 예수 그리스도의 참된 형제자매로, 교회의 참된 지체로 만날 수 있도록 합시다.

그리고 제가 여러분에게 드린 과제를 잊지 마십시오. 여러분이 세례를 받은 날이 언제인지 알아보고 확인해 보는 것입니다. 우리가 태어난 날을 기억하는 것처럼 우리가 세례를 받은 날도 마땅히 기억해야 합니다. 그날은 축제의 날이기 때문입니다.

세례성사 II
선교하는 백성의 지체들

저는 한 번 더 세례에 대해 이야기하려고 합니다. 이 성사의 아주 중요한 또 다른 열매를 강조하기 위해서입니다. 그것은 바로 우리를 그리스도의 몸과 하느님 백성의 지체가 되게 하는 것입니다. 토마스 아퀴나스 성인은, 세례를 받는 사람은 마치 처음부터 그리스도와 한 몸이었던 것처럼 그분 몸의 지체가 되고 형제들의 공동체, 곧 하느님의 백성에 결합된다고 단언했습니다.「신학대전」*Summa Theologie*, III, 제69문제 제5절; 제70문제 제1절 제2차 바티칸공의회의 가르침 덕분에 오늘날 우리는, 세례는 우리를 '하느님의 백성 가운데 들어가게' 하고 역사 안에서 순례하는 백성, 다시 말해 '여정 중인 백성'의 지체가 되게 해준다고 말하고 있습니다.

실제로 세대에서 세대로 생명이 전해지는 것처럼, 세례의 샘에서 이루어지는 새로 태어남을 통해 세대에서 세대로 은총이 전해집니다. 이 은총에 힘입어 그리스도교 백성은, 마치 땅을 적시고 세상 곳곳에 하느님의 축복을 퍼뜨리는 한 줄기 강물처럼 역사의 시간 속에서 걷고 있습니다. 우리가 복음에서 읽은 것처럼 예수님은 제자들에게 온 세상으로 가서 세례를 베풀라고 명령하셨고, 이 말씀에 따라 제자들은 세례를 베풀기 위해 길을 나섭니다. 그때부터 오늘날까지 세례를 통해 이루어지는 신앙전승은 끊이지 않고 사슬로 연결되어 있습니다. 우리 각자는 이 사슬을 잇는 하나의 연결고리이며, 계속해서 앞으로 나아가는 한 걸음의 발자국이고, 땅을 적시는 한 줄기 강물입니다. 이 모든 것이 하느님의 은총이며 우리의 신앙입니다.

우리는 이 신앙을 자녀들에게, 특히 어린이들에게 전해주어야 합니다. 같은 방식으로 그들도 어른이 된 후에 자녀들에게 이 신앙을 전해줄 수 있어야 하기 때문입니다. 왜 그래야만 하냐고요? 세례는 신앙을 전해주는 하느님의 백성 안으로 우리를 들어가게 해주기 때문입니다. 이것은 아주 중요한 일입니다. 하느님의 백성은 여정 중에 있으며 세대에서 세대로 신앙을 전해준다는 것을 잊지 마십시오.

우리는 세례 덕분에 세상에 복음을 가져다주도록 부름 받은 '선교하는 제자들'이 되었습니다. "세례를 받은 사람은 누구나, 교회 안에서 맡은 직무나 신앙의 교육 수준에 상관없이 모두가 복음화의 능동적 주체입니다. … 새로운 복음화는 새롭고도 주도적인 참여를 필요로 합니다."「복음의 기쁨」*Evangelii Gaudium*, 120항 이것은 하느님 백성에 속하게 된, 세례 받은 모든 이에게 요구되는 새롭고도 주도적인 참여입니다.

하느님 백성은 '제자인 백성'입니다. 그것은 신앙을 전해 받기 때문입니다. 또한 하느님의 백성은 '선교하는 백성'입니다. 신앙을 전해주기 때문입니다. 교회 안에서 우리 모두는 제자입니다. 우리 삶이 다하는 날까지 그러할 것입니다. 또한 우리 모두는 선교사입니다. 우리는 저마다 주님께서 맡겨주신 자리에서 선교해야 합니다. 교회에서는 가장 작은 사람도 선교사이고 가장 위대한 사람도 제자입니다. 그렇게 우리 모두가 선교사이며 제자입니다. 하지만 여러분 가운데 어떤 이는 이렇게 말하고 싶을 것입니다. "주교님들은 제자들이 아닙니다. 주교님들은 모든 것을 잘 알고 있으니까요. 교황님도 모든 것을 아십니다. 그러니 그분도 제자가 될 수 없습니다." 아닙니다! 주교들과 교황도 제자의 자리에 있어야 합니다. 그들이 제자가 아니라면 좋은 일을 할 수가 없고, 제자가 아니고서는 선교사가 될 수도 없으며 신앙을 전할 수도 없기 때문입니다. 우리는 누구나 제자요 선교사입니다.

우리가 그리스도인으로서 받은 소명은 초자연적인 차원과 선교적 차원을 지니는데, 세례에 뿌리를 둔 이 두 차원은 불가분의 관계에 있습니다. "우리 그리스도인은 믿음을 전해 받고 세례를 받음으로써 성령의 활동을 받아들이게 됩니다. 성령은 우리가 예수 그리스도를 하느님의 아드님이라고 고백하고 하느님을 '아빠, 아버지'라고 부르도록 이끌어 주십니다. 세례를 받은 우리 모두는 삼위일체이신 하느님과 친교의 삶을 살고 다른 이들에게 그 친교를 전해주라는 부르심을 받았습니다. 복음화는 삼위일체이신 하느님과의 친교에 참여하

라는 초대이기 때문입니다." *Documento di Aparecida*(아파레시다 문헌) 157항[7]

'어느 누구도 자기 자신을 구원할 수 없습니다.' 우리는 믿는 이들의 공동체이며 하느님의 백성입니다. 우리는 이 공동체 안에서 사랑에 대한 체험을 함께 나누고 있습니다. 우리 모두를 앞서있는[8] 이 사랑은, 우리에게 한계와 죄가 있지만 그럼에도 서로를 위해 은총의 '수로'가 되라고 요구합니다. 공동체적 차원이라는 것은 단순히 '틀', '구조'를 말하는 것이 아니라 그리스도인 삶의 핵심적인 부분, 곧 증거와 복음화를 가리킵니다. 그리스도인의 신앙은 교회 안에서 생겨나고 삶으로 구체화됩니다. 그리고 세례성사 안에서 모든 가족과 본당 공동체는 그리스도와 그분의 몸인 교회에 새로운 지체를 더해주는 역할을 수행합니다. 같은 책, 175항 참조

7. 2007년 브라질 상파울루 주에 속한 아파레시다 대교구에서 열린 제5차 라틴아메리카와 카리브 주교회의에서 나온 문헌이다. 당시 부에노스아이레스 대교구의 교구장으로 재직하던 프란치스코 교황은 이 주교회의에 참석했으며, 교황 즉위 후 이 문헌을 토대로 교황 권고 「복음의 기쁨」을 썼다.

8. 여기서 말하는 사랑은 우리가 실천하는 사랑이 아니라 우리를 위한 하느님의 사랑이다. 곧 하느님이 먼저 우리를 사랑하셨고 예수 그리스도를 통해 그 사랑이 완전하게 드러났다는 뜻이다. 따라서 그 사랑은 항상 우리를 '앞서있다'고 표현한 것이다.

하느님 백성에게 세례가 얼마나 중요한지를 보여주는 좋은 예로 '일본의 그리스도인 공동체'의 역사를 들 수 있습니다. 일본의 그리스도인 공동체는 17세기 초에 가혹한 박해를 겪었습니다. 성직자들[9]은 추방당했고 수천 명의 평신도들이 죽음을 당하면서 많은 순교자가 나왔습니다. 그 결과 일본에서는 성직자를 전혀 찾아볼 수 없게 되었습니다. 모두 추방당했기 때문입니다. 그러나 공동체는 비밀리에 모임을 가졌고 외부에 드러나지 않게 신앙을 지키며 기도생활을 했습니다. 어린아이가 태어나면 아빠나 엄마가 세례를 주었습니다. 특수한 상황에서는 신앙인 누구나가 세례를 베풀 수 있기 때문입니다. 그렇게 두 세기 반, 곧 250년가량의 시간이 흐른 뒤 선교사들이 일본을 다시 찾았을 때, 수천 명의 그리스도인이 모습을 드러냈고 교회가 다시 꽃을 피울 수 있었습니다. 그들은 세례의 은총으로 신앙을 간직한 채 살아남을 수 있었습니다! 이것은 참으로 중요한 일입니다. 하느님의 백성은 신앙을 전해주고 자녀들에게 세례를 베풀면서 앞으로 나아갑니다.

9. 당시 일본에는 자국인 성직자가 없었고 외국에서 선교사로 파견된 성직자들만 있었다.

일본의 그리스도인들은 숨어 지낼 수밖에 없는 상황에서도 아주 강력한 공동체적 정신을 간직했습니다. 세례가 그리스도 안에서 그들을 한 몸이 되게 해주었기 때문입니다. 그들은 뿔뿔이 흩어져 숨어 살았지만 언제나 하느님 백성의 지체, 교회의 지체였습니다.

견진성사
예수님과 하나 된 이들

이제 세례성사와 뗄 수 없는 관계로 이어져 있는 견진성사에 대해 생각해 보려고 합니다. 앞에서 언급한 것처럼, 세례성사와 견진성사는 성체성사와 함께 하나의 구원 사건을 형성합니다. '입문성사'라고 불리는 이 세 가지 성사를 통하여 우리는 죽고 부활하신 예수 그리스도와 결합하고 새로운 피조물이자 교회의 지체가 됩니다. 이것이 바로 예비자 과정을 마치는 시점에, 전통적으로 부활 성야에 이 세 가지 성사를 연이어 거행하는 근본 이유입니다. 예비자가 그리스도교 공동체의 일원이 되기 위해 단계적으로 거쳐야 하는 양성 과정은 몇 년이 소요될 수도 있지만, 이 모든 과정이 입문성사를 통하여 완성됩니다. 예비자 준비 과정을 통하여 한 발 한 발 세례성사에 가까이 다가가고, 그다음으로는 견진성사에, 마침내는 성체성사에 이르게 됩니다.

견진성사는 이탈리아어로 '크레시마Cresima'라고 하는데, 이 말은 본래 '도유'라는 뜻입니다. 사실 우리는 견진성사에서 '성유'를 바르는 예식으로 성령의 힘을 받아, 유일하고 참된 '기름부음받은이', 곧 '메시아'이며 하느님의 거룩하신 분인 예수 그리스도와 결합합니다. '견진堅振'이라는 말에서 이 성사가 세례의 은총을 더욱 확장시켜 준다는 것을 알 수 있습니다. 견진성사는 우리를 그리스도와 더욱 단단하게 결합시켜 주고 교회와 우리의 관계를 완전하게 해주기 때문입니다. 또한 우리가 성령의 특별한 힘을 받아 신앙을 전파하고 옹호하며 그리스도의 이름을 고백하고 그분의 십자가를 결코 부끄럽게 여기지 않도록 해줍니다.「가톨릭 교회 교리서」 1303항 참조

따라서 우리 어린이들과 청소년들이 견진성사를 받을 수 있도록 보살피는 것은 아주 중요한 일입니다. 그런데 우리는

아이들이 세례성사를 받도록 보살피는 일에는 관심을 두지만, 견진성사를 받는 데는 별다른 관심이 없는 것 같습니다. 세례성사를 받는 것으로 그친다면, 그리스도교 입문 여정은 미완성 상태로 남게 되고 신앙생활에서 아주 중요한 성령, 다시 말해 우리에게 앞으로 나아갈 힘을 주시는 성령을 받지 못하게 됩니다. 잠시 자기 자신에 대해 생각해 봅시다. 우리는 어린이들과 청소년들이 견진성사를 받게 하는 일에 관심을 두고 있나요? 이것은 중요한 일입니다. 정말 중요합니다! 만일 여러분의 가정에, 합당한 나이가 되었는데도 아직 견진성사를 받지 않은 어린이나 청소년이 있다면, 가능한 모든 노력을 다해 그들이 그리스도인으로서 입문 과정을 마무리하고 성령의 힘을 받도록 이끌어 주십시오. 이것은 참으로 중요한 일입니다!

견진성사 대상자들이 성사를 받기 위해 준비를 잘 하도록 도와주는 것도 중요한 일입니다. 견진성사를 위한 준비는 그 대상자들이 그리스도께 대한 신앙에 전적으로 투신하도록 이끌어 주고 교회에 대한 소속감을 일깨워 주는 데 초점을 맞춰야 합니다.

다른 성사들과 마찬가지로 견진성사도 사람이 아니라 하느님이 이루어 주시는 일입니다. 하느님은 우리를 당신 아들과 닮은 모습으로 변화시켜 주시어 당신 아들처럼 사랑을 실천할 수 있게 해주십니다. 그러한 방식으로 하느님은 우리의 삶을 이끌고 돌보아 주십니다. 이를 위해 하느님은 우리에게 성령을 부어주십니다. 성령의 일곱 가지 은혜에서 분명히 드러나는 것처럼, 성령의 활동은 우리의 실존과 삶 전체를 관통합니다. 이것은 성경의 가르침에 입각한 교회 전통이 증명해 보여주는 사실입니다.

여러분에게 성령의 일곱 가지 은혜를 기억하는지 묻고 싶지는 않습니다. 여러분 모두는 그 은혜가 무엇인지 잘 알고 있을 것입니다. 여하튼 제가 여러분을 대신해서 그 은혜가 어떤 것인지 이야기해 보겠습니다. 성령의 일곱 가지 은혜는 무엇인가요? 그것은 지혜, 통찰, 깨우침, 용기, 지식, 공경, 경외입니다. 이 모든 은혜는 견진성사 안에서 성령을 통하여 주어집니다. 이 은혜들에 관해서는 성사에 대한 이야기를 마무리한 다음 다시 언급하려고 합니다.

우리가 성령을 마음속에 받아들이고 그분이 우리 안에서

활동하시도록 우리 자신을 내맡기면, 그리스도께서도 우리 안에 현존하시고 우리의 삶 안에서 당신을 드러내 보여주십니다. 우리를 통해 그리스도께서 직접 생활하시면서 기도하고 용서하며 희망과 위로를 전하고, 형제들에게 봉사하며 궁핍하고 소외된 이들에게 가까이 다가가고 그들과 친교를 나누며 평화의 씨를 뿌리십니다. 여러분, 이것이 얼마나 중요한 일인지 생각해 보십시오. 성령을 통하여 그리스도께서 몸소 우리 가운데서 우리를 위해 이 모든 것을 이루어 주시려고 찾아오십니다. 이러한 이유에서 어린이들과 소년소녀들이 견진성사를 받는 것이 아주 중요하다는 이야기를 하고 있는 것입니다.

사랑하는 형제자매 여러분, 우리는 견진성사를 받았다는 사실을 기억해야 합니다! 우리 모두는 이 사실을 반드시 기억해야 합니다! 그 이유는 무엇보다도 이 선물을 주신 주님께 감사하기 위해서입니다. 그다음으로는 우리가 참된 그리스도인으로 살아갈 수 있도록, 우리에게 선물로 주신 성령의 이끄심에 따라 언제나 기쁘게 신앙 여정을 걸을 수 있도록 주님께 도움을 청하기 위해서입니다.

성체성사 I
사랑의 성사

이제 여러분에게 성체성사에 대해 이야기하려고 합니다. 앞에서 언급한 것처럼 성체성사는 우리를 '입문성사'의 정점으로 들어가게 해줍니다. 세례성사, 견진성사와 더불어 성체성사는 교회를 위한 생명의 샘을 이룹니다. 실제로 이 사랑의 성사는 신앙, 친교, 증거라는 참되고 올바른 여정을 위한 이정표와 기준이 됩니다.

우리가 성체성사 곧 미사를 봉헌하려고 모일 때 눈앞에 펼쳐진 것들은 우리가 어떤 삶을 살아야 하는지 알려줍니다.

미사를 거행하기 위해 마련된 장소 한가운데에는 제대가 자리하고 있습니다. 제대는 하얀 천으로 덮인 식탁으로서 잔치를 떠올리게 하지요. 제대 위에는 십자가가 놓여있는데, 이는 제대 위에서 그리스도의 희생 제물이 봉헌됨을 알려주기 위한 것입니다. 우리가 제대에서 빵과 포도주의 형상으로 받아 모시는 영적 양식은 바로 그리스도이십니다. 제대 옆에는 하느님의 말씀이 선포되는 독서대가 자리하고 있습니다. 독서대는 우리가 성경을 통해 전달되는 주님의 말씀을 듣기 위해 그 자리에 모였다는 것을 가리킵니다. 따라서 주님의 말씀도 우리가 받아 모시는 양식입니다.

주님의 마지막 만찬과 마찬가지로 미사에서도 말씀과 빵은 완전히 하나가 됩니다. 예수님의 모든 말씀과 그분이 행하신 모든 표징은 십자가의 희생 제사를 미리 맛보게 하는 행위, 곧 빵을 쪼개고 포도주 잔을 나누는 행위와 "받아먹어라, 이는 내 몸이다. … 모두 이 잔을 마셔라. … 내 계약의 피다" 마태 26,26-28라는 말씀 안에 응축되어 있습니다.

마지막 만찬에서 예수님이 하신 행위는 아버지의 사랑과 자비에 대한 최고의 감사입니다. '감사'는 그리스어로 '유카리스티아eucaristia'입니다. 같은 맥락에서 성체성사는 '유카리스티아'라고 불립니다. 성체성사는 사랑으로 당신 아들을 우리에게 내어주실 만큼 우리를 극진히 사랑하신 아버지께 대한 최고의 감사입니다. 따라서 '유카리스티아'라는 단어는 하느님의 행위와 인간의 행위 모두를, 다시 말해 참 하느님이며 참 인간이신 예수 그리스도의 행위를 함축하고 있습니다.

그러니까 성체성사 거행은 단순한 만찬이나 잔치를 여는 것을 뛰어넘는 일입니다. 성체성사는 바로 예수님의 파스카, 곧 구원의 결정적 신비에 대한 기념이기 때문입니다. '기념'은 단순히 기억을 의미하는 것이 아니라, 우리가 이 성사를 거행할 때마다 그리스도의 죽음과 부활, 다시 말해 파스카의 신비에 참여한다는 것을 의미합니다.

성체성사는 우리를 구원하시는 하느님 업적의 정점입니다. 주 예수님은 우리를 위하여 쪼개진 빵이 되심으로써 우리 위에 당신의 자비와 사랑을 모두 쏟아부어 주셨습니다. 그렇게 예수님은 우리의 마음과 실존뿐 아니라 우리와 당신 사이, 그리고 우리와 형제들 사이의 관계까지도 새롭게 해주셨습니다. 이러한 맥락에서 미사 때 성체를 받아 모시는 행위를 이탈리아어로 '코무니오네Comunione[10]를 받다' 또는 '코무니오네를 하다'라고 표현합니다. 이것이 의미하는 바는 이러합니다. 우리는 성찬의 식탁에 참여함으로써 성령의 능력에 힘입어 그리스도와 완전히 하나가 될 뿐 아니라, 지금 여기서 천상 잔치를 특징짓는 아버지와의 충만한 친교를 미리 맛볼 수 있다는 것입니다. 우리는 장차 천상 잔치에서 모든 성인과 함께 하느님과 얼굴을 마주하고 그분을 바라보는 기쁨을 누리게 될 것입니다.

사랑하는 여러분, 주님께서 성체성사를 통해 우리에게 주신 선물에 대해 우리가 아무리 감사를 드린다고 해도 충분하지 않습니다! 주님께서 주신 선물은 참으로 위대합니다. 그러므로 주일 미사에 참례하는 것은 아주 중요한 일입니다. 미사에 참례하는 것은 기도하기 위한 것일 뿐 아니라 성체를 받아 모시기 위한 것이기도 합니다. 성체는 우리를 구원하고 용서하며 아버지와 일치하게 해주시는 예수 그리스도의 몸입

10. '친교'를 뜻하는 말이다. 성찬의 식탁에서 주님의 몸인 성체를 쪼개어 나누는 것은 주님과 우리뿐 아니라 우리 형제자매들끼리도 서로 친교를 나누는 것이기 때문에 영성체를 '코무니오네'라고 부른다.

니다. 성체를 받아 모시는 것은 참으로 아름다운 일입니다! 우리는 일요일마다 미사에 참례하러 갑니다. 일요일은 주님께서 부활하신 날이기 때문입니다.[11] 그래서 우리는 이 날을 주일이라 부르고, 이 날은 우리에게 아주 중요한 날이 됩니다. 우리는 성체성사를 통하여 우리 자신이 교회에, 하느님의 백성에, 하느님의 몸에, 예수 그리스도께 속해있음을 느낍니다.

성체성사의 가치와 풍요로움을 모두 찾아내고 열거하는 것은 불가능합니다. 그렇다면 이제 성체성사가 교회 안에서 어떻게 생생하게 유지되고 거행될 수 있는지, 어떻게 우리를 아버지의 마음에 드는 사랑과 친교의 공동체로 성장시키고 지속시켜 줄 수 있는지 살펴봅시다. 사실 이 모든 것은 우리의 일생 동안 계속해서 이루어지는 일이며 첫영성체를 하는 날

11. 유다인들은 하느님의 명령에 따라 한 주간의 첫째 날을 안식일로 삼고 쉬지만(탈출 20,8-11), 그리스도인들은 유다인들의 안식일 다음 날 주님께서 부활하신 것을 기념하여 그 날을 한 주간의 첫째 날이자 안식일로 삼고 감사와 찬미의 제사인 미사를 봉헌한다. 또한 그리스도인들은 전통적으로 주님의 부활을 기념하는 새로운 안식일을 '주일主日', 곧 '주님의 날'이라고 부른다. 이러한 의미에서 라틴어로 이 날을 '디에스 도미니카dies dominica', 이탈리아어로 '도메니카domenica', 프랑스어로 '디망슈dimanche', 스페인어로 '도밍고domingo'라고 한다. 우리나라 그리스도인들도 예전에는 '주일'이라는 명칭을 선호했는데, 요즘에는 '일요일'이라는 명칭을 더 많이 사용하는 분위기다. 하지만 우리는 '주일'이라는 명칭을 사용하는 것만으로 우리의 신앙을 고백하고 드러낼 수 있음을 기억해야 한다.

시작됩니다. 그러므로 어린이들이 첫영성체를 잘 준비하는 것과, 모든 어린이가 적당한 나이에 첫영성체를 하는 것은 매우 중요한 일입니다. 세례성사, 견진성사와 더불어 예수 그리스도께 완전히 속한 삶을 시작하는 첫걸음이기 때문입니다.

성체성사 II
성체적 삶을 살아가기

우리는 앞에서 성체성사가 그리스도와, 또 그분의 신비와 나누는 실제적인 친교 안으로 우리를 어떻게 이끌어 주는지를 살펴보았습니다. 여기서는 교회 차원이든 개인 차원이든 우리의 삶과 우리가 거행하는 성체성사와의 관계에 대한 몇 가지 물음에 대해 생각해 보겠습니다. 우리는 성체적 삶을 어떻게 살고 있나요? 주일 미사에 참례할 때, 성체성사는 우리에게 어떤 의미인가요? 잠시 동안 펼쳐지는 잔치이거나 엄격한 전통 가운데 하나일 뿐인가요, 아니면 자신의 모습을 되찾아 본래의 자리로 돌아가기 위한 기회, 혹은 그 이상의 의미를 지닌 사건인가요?

우리가 성체성사의 삶을 어떻게 살고 있는지, 다시 말해 성체적 삶을 잘 살고 있는지 아니면 그렇지 못한지를 가늠하게 해주는 구체적인 표지들은 많이 있습니다.

그중 첫째 표지는 '다른 이들을 바라보고 그들에 대해 생각하는 우리의 태도'입니다. 십자가에서 당신 자신을 우리에게 선물하신 그리스도는 성체성사를 통하여 매번 당신을 새롭게 내어주십니다. 그분은 일생 동안 사랑으로 당신 자신을 내어주고 나누는 삶을 사셨습니다. 이처럼 그리스도는 제자들뿐 아니라 당신이 알고 있던 모든 이와 함께하는 것을 좋아하셨습니다. 이것은 그리스도께서 그들의 열망과 삶의 문제, 그들의 영혼과 삶을 지탱하던 모든 것을 함께 나누셨음을 의미합니다. 오늘날 우리는 거룩한 미사에 참례할 때 모든 부류의 사람들, 곧 젊은이와 노인과 어린이, 가난한 이들과 부유한 이들, 원주민과 이주민, 가족과 함께하는 이들, 혼자 떨어져 사는 이들과 함께하게 됩니다. 그렇다면 각자 자신에게 물어봅시다. 내가 참여하는 성체성사는, 내가 모든 이와 함께하고 있음을, 또한 그들이 진정으로 나의 형제자매들임을 느끼게 해주는가? 기뻐하는 이들과 함께 기뻐하고, 슬퍼하는 이들과 함께 슬퍼할 수 있는 마음을 지니게 해주는가? 가난한 이들, 병든 이들, 소외된 이들을 향해 나아가도록 나를 부추기는가? 그들과 함께하시는 예수님을 알아볼 수 있게 해주는가?

우리 모두는 미사에 참례합니다. 예수님을 사랑하고 성체성사를 통하여 그분의 수난과 부활을 함께 나누고자 하기 때문이지요. 그렇다면 우리는 예수님이 바라시는 대로 가장 궁핍한 처지에 놓인 형제자매들을 사랑하고 있나요? 예를 들어 봅시다. 요즘 사회적으로 어려움을 겪는 곳이 많습니다. 기상이변이나 자연재해로 피해를 입은 곳이 많은 것도 문제이고, 전 세계의 경제 위기와 맞물려 일자리가 없는 것도 문제입니다. 그렇다면 저와 여러분은 스스로에게 이렇게 질문해야 합니다. 미사에 참례하는 나는 성체적 삶을 어떻게 살고 있는가? 여러 가지 어려움에 처한 이들을 돕기 위해 힘쓰고 있는가? 도움을 필요로 하는 이들을 위해 기도하고 그들에게 다가가기 위해 노력하고 있는가? 아니면 그들에게 무관심하지는 않은가? 오히려 "저 아가씨 옷차림 봤어? 저 사람 옷차림은 또 어떻고?" 하면서 다른 사람들에 대해 험담하는 데 더 관심이 있는 것은 아닌가? 때로 우리는 미사 참례를 하고 나오면서 곧바로 다른 이들에 대해 좋지 않은 이야기를 나누기도 합니다. 그런 일은 두 번 다시 해서는 안 됩니다! 우리는 병들어 고생하거나 다른 여러 문제로 어려움을 겪고 있는 우리 형제자매들에게 관심을 기울여야 합니다.

둘째 표지는 '자신이 용서를 받았으며 용서할 준비가 되어 있음을 자각하는 것'입니다. 이것은 은총이며 중요한 표지입니다. 가끔 이런 질문을 하는 사람을 만납니다. "거룩한 미사에 참례하는 사람도 다른 이들과 별반 다를 게 없는 죄인이지 않습니까? 그렇다면 구태여 교회에 가야 하는 이유가 무엇입니까?" 이것은 우리가 수없이 맞닥뜨린 현실입니다. 하지만 성체성사에 참례하는 이는 자신이 다른 이들보다 우월하다는 것을 드러내려고, 또 그런 상태를 유지하기 위해 그렇게 하는 것이 아닙니다. 오히려 육화하신 예수 그리스도를 통해 베푸시는 하느님의 자비로 항상 새로워져야 한다는 것을 알기 때문입니다. 우리 중에 누구든 자신은 하느님의 자비가 필요 없다고 느낀다면, 죄인이 아니라고 생각한다면, 미사에 참례하지 않는 편이 낫습니다! 우리가 미사에 참례하는 것은 우리가 죄인이며 하느님의 용서를 받기 위해서입니다. 그 용서를 받아 예수님이 이루신 해방을 누리고 싶기 때문입니다. 미사의 참회 예식 때 바치는 '고백의 기도'는 하나의 형식이 아니라 진정한 참회 기도입니다! "저는 죄인입니다. 그러니 제가 죄인임을 고백합니다." 우리는 이러한 고백으로 미사를 시작합니다! 우리는 예수님의 마지막 만찬이 제자의 배신으로 그분이 "잡히시던 날 밤에"1코린 11,23 이루어졌음을 기억해야 합니다. 우리가 미사 때마다 봉헌하고 함께 나누는 빵과 포도주는 우리 죄를 용서하기 위해 선물로 주신 그리스도의 몸과 피입니다. 그러므로 우리는 자신이 죄인임을 깨닫고 겸손한 마음으로 미사에 참례해야 합니다. 그러면 주님께서 우리 죄를 용서하시고 새롭게 해주실 것입니다.

마지막으로 언급할 귀중한 표지는 성체성사 거행과 '그리스도인 공동체의 삶' 사이의 관계에서 드러납니다. 우리가 반드시 기억해야 할 것은, 성체성사는 우리가 행하는 것이 아니라는 사실입니다. 성체성사는 예수님이 하신 말씀과 행동을 우리 편에서 기념하는 것이 아닙니다. 절대 그렇지 않습니다. 성체성사는 바로 그리스도의 행위입니다! 제대 위에서 성체성사를 거행하는 분은 바로 그리스도이십니다! 따라서 성체성사는 그리스도의 선물입니다. 그리스도는 성체성사를 통하여 우리 가운데 현존하시고 우리를 당신 곁에 불러모아 당신 말씀과 생명으로 양육하십니다. 이것은 교회의 사명과 정체성이 바로 성체성사에서 샘솟는다는 것을 의미합니다. 교회는 성체성사를 통해 사명과 정체성을 바로 세웁니다. 그런데 성체성사 거행이 외적으로는 아주 아름답고 결점이 없어 보여도, 우리가 그 예식 안에서 예수 그리스도를 만나지 못한다면 우리의 영혼과 삶을 위한 양식을 얻을 수 없습니다. 따라서 그리스도께서는 성체성사를 통하여 우리 삶 안으로 들어오셔서 당신 은총으로 우리를 가득 채우기를 바라십니다. 그러면 모든 그리스도인 공동체의 전례와 삶이 일관될 것입니다.

예수님은 복음서에서 이렇게 말씀하셨습니다. "내 살을 먹고 내 피를 마시는 사람은 영원한 생명을 얻고, 나도 마지막 날에 그를 다시 살릴 것이다."요한 6,54 이 말씀을 생각하면 신뢰와 희망으로 마음이 가득 찹니다. 우리는 주님께서 우리에게 약속하신 것, 다시 말해 영원한 생명을 실현해 주실 것이라는 확신을 가지고 믿음, 기도, 용서, 참회, 공동체의 기쁨, 궁핍한 이들과 많은 형제자매의 곤궁에 대한 염려와 관심으로 성체성사의 삶을 살아야 합니다.

고해성사
용서의 힘

입문성사인 세례성사와 견진성사, 성체성사를 통하여 인간은 그리스도 안에서 새로운 생명을 받습니다. 우리 모두는 이 사실을 잘 알고 있습니다. 우리는 "질그릇 속에" 2코린 4,7 그 생명을 담고 있습니다. 그럼에도 우리는 죄 때문에 여전히 시련과 슬픔, 죽음을 벗어나지 못하고 새 생명을 잃어버릴 위기에 처할 수 있습니다. 이러한 이유에서 주 예수님은 교회가 기존 구성원들을 위해서도, 특별히 '치유의 성사'라고 불리는 고해성사와 병자성사를 통하여 당신의 구원 사업을 계속해

나가기를 바라셨습니다. 고해성사는 치유의 성사입니다. 제가 죄를 고백하러 가는 것은 저 자신이 치유받기 위해서, 다시 말해 영혼과 마음을 치유받고 제가 잘못한 것에 대해 용서받기 위해서입니다. 죄 고백과 치유의 깊은 관계를 가장 잘 드러내 주는 성경의 장면은, 예수님이 어떤 중풍 병자를 용서하고 치유하신 이야기입니다.마르 2,1-12; 마태 9,1-8; 루카 5,17-26

참회와 화해의 성사인 고해성사는 파스카의 신비에 그 기원을 두고 있습니다. 실제로 주님은 파스카 저녁[12]에 방문을 닫아걸고 숨어있던 제자들에게 나타나시어 그들을 향해 "평화가 너희와 함께!" 하고 인사하셨습니다. 그런 다음 그들에게 숨을 불어넣으며 말씀하셨습니다. "성령을 받아라. 너희가 누구의 죄든지 용서해 주면 그가 용서를 받을 것이고, 그대로 두면 그대로 남아있을 것이다."요한 20,22-23 이 장면은 고해성사의 역동성을 드러내 줍니다. 여기서 우리는 먼저, 우리 죄에 대한 용서는 우리가 스스로에게 베풀 수 있는 것이 아

12. 이집트 탈출 사건에서 시작된 유다인들의 파스카를 말하는 것이 아니라 예수님이 당신의 부활로 완성하신 새로운 파스카를 가리킨다. 예수님이 부활하신 주간 첫날이 그리스도인들에게는 파스카 날이다.

님을 기억해야 합니다. 우리는 우리 자신에게 "나는 내 죄를 용서한다" 하고 말할 수 없습니다. 용서는 청하는 것, 다른 사람에게 요청하는 것입니다. 우리는 죄를 고백하면서 예수님께 용서를 청합니다. 그러므로 용서는 우리 노력의 열매가 아니라 성령의 선물입니다. 성령께서는 십자가에 못 박혀 돌아가시고 부활하신 예수님의 심장에서 끊임없이 샘솟는 자비와 은총으로 우리를 가득 채워주시고 죄를 씻게 하십니다.

둘째로 기억해야 할 것은, 주 예수님이 우리를 아버지와 형제들과 화해시켜 주시도록 우리 자신을 그분께 온전히 맡겨 드릴 때에만 참된 평화를 얻을 수 있다는 사실입니다. 이것은 우리가 고해성사를 보러 갈 때마다 느끼는 현실입니다. 무거운 마음으로 죄에 대해 슬퍼하면서 고해성사를 보러 가지만, 예수님의 용서를 받고 나면 마음의 평화를 얻고 그 속에 머물게 됩니다. 이 평화는 유일하게 예수님만이, 오직 그분만이 주실 수 있는 아름다운 선물입니다.

초대교회에서는 죄의 고백이 공개적으로 이루어졌지만, 시간이 지남에 따라 고해성사 예식은 공개적인 방식에서 개별적인 방식, 개인적으로 죄를 고백하는 형태로 바뀌었습니다.

그러나 고해성사 예식이 개별적인 고백의 형식이라고 해서 공동체의 삶을 생기 있게 해주는 교회적 특성이 사라지게 해서는 안 됩니다. 실제로 우리 마음을 하느님의 사랑으로 새롭게 하고 모든 형제자매를 그리스도 안에서 하나가 되게 해주시는 성령께서 현존하시는 곳은 그리스도인 공동체입니다. 주님께 정신적으로 또는 마음속으로 용서를 청하는 것으로는 충분하지 않으며 교회의 성직자 앞에서 신뢰를 가지고 겸손하게 자신의 죄를 고백해야 하는 이유가 바로 여기에 있습니다. 고해성사를 집행하는 사제는 하느님만 대리하는 것이 아니라 온 공동체를 대표합니다. 공동체는 구성원 각자의 나약함을 알고 그들의 뉘우침에 귀 기울이며 그들과 화해하고 인간적으로든 신앙적으로든 그들이 성장하고 변화하는 여정에 충실하도록 격려하고 동행합니다. 누군가는 이렇게 말할 수 있습니다. "나는 오직 하느님께만 죄를 고백합니다." 물론 당신은 하느님께 "저를 용서하십시오" 하고 말할 수 있고 그분께 죄를 고백할 수 있습니다. 하지만 우리 모두의 죄는 단순히 자신에게만이 아니라 형제자매들과 교회에 상처를 주기도 합니다. 이러한 이유에서 우리는 사제 앞에서 교회와 형제자매들에게 용서를 청해야 하는 것입니다. 때로 이렇게 말하는 분도 있습니다. "하지만 신부님, 저는 부끄럽습니다." 부끄러워하는 것도 좋은 것이고 유익한 일입니다. 부끄러움을 느낀다는 것은 정신적으로 건강하다는 뜻이기 때문입니다. 우리 고향에서는 부끄러워할 줄 모르는 사람을 가리켜 '낯 두꺼운 놈'이라고 부릅니다. 여하튼 부끄러움은 긍정적인 작용을 합니다. 부끄러움은 우리를 더 겸손하게 만들어 주기 때문입니다. 사제는 사랑과 호의로 죄의 고백을 듣고 하느님의 이름으로 용서를 베풉니다. 인간적으로도 마음속에 있는 것을 털어놓기 위해 형제와 이야기를 나누고, 마음을 무겁게 하는 것들을 사제에게 이야기하는 것은 좋은 일입니다. 하느님 앞에서 교회와 형제들에게 마음속에 있는 것을 털어놓고 싶은 사람이 있을 것입니다. 그렇다면 죄를 고백하는 것을 두려워하지 마십시오! 죄를 고백하려고 고해소 앞 긴 줄에 서 있으면 부끄럽기도 하고 별별 생각이 다 들 수 있습니다. 하지만 고해성사를 마치고 나면 우리는 해방된 사람, 당당한 사람, 아름다운 사람, 용서받은 사람, 깨끗한 사람, 행복한 사람이 됩니다. 이것이 바로 고해성사의 아름다움입니다!

저는 여러분에게 묻고 싶습니다. 마지막으로 고해성사를 본 것이 언제입니까? 각자 생각해 보십시오. 이틀? 두 주? 두 달? 이십 년? 사십 년이 지났습니까? 자신이 마지막으로 고해성사를 본 것이 언제인지 각자 셈해 보고 자신에게 대답해 보시기 바랍니다. 시간이 많이 흘렀다면, 또 하루를 더 넘기지 말고 사제를 찾아가십시오. 사제가 당신을 반갑게 맞아줄 것입니다. 사제가 있는 곳에는 예수님이 계십니다. 사제들보다 훨씬 좋으신 예수님이 거기 계십니다. 예수님은 당신을 반겨주실 것입니다. 그분은 큰 사랑으로 당신을 맞아주실 것입니다. 용기를 내어 죄를 고백하러 가십시오!

사랑하는 여러분, 화해의 성사에 참여한다는 것은 따뜻한 품에 안긴다는 뜻입니다. 그것은 바로 아버지의 한없는 자비의 품입니다. 여기서 잠시 아름다운 비유 하나를 떠올려 봅시다. 아버지에게 상속으로 받은 돈을 챙겨 집을 떠난 아들의 비유 말입니다. 아들은 모든 돈을 탕진하고 아무것도 손에 쥔 것이 없게 되자 아버지의 집으로 돌아가기로 결심합니다. 아들이 아니라 종이 되어 살기로 마음먹습니다. 그의 마음에는 참으로 큰 죄책감이 자리 잡았고 부끄러움도 엄청났습니다.

그런데 그가 아버지께 돌아가서 말을 하기 시작했을 때, 용서를 청하기 시작했을 때 놀라운 일이 벌어집니다. 아버지는 아들이 말을 이어가게 놔두지 않았습니다. 아버지는 아들을 끌어안고 입을 맞추고는 잔치를 벌였습니다. 여기서 제가 말하고 싶은 것은 이것입니다. 하느님은 우리가 죄를 고백할 때마다 우리를 끌어안아 주십니다! 그때마다 하느님은 잔치를 벌이십니다! 우리는 이 사랑의 길로 나아가야 합니다.

병자성사
하느님의 연민

이제 인간을 향한 하느님의 연민을 손으로 느끼게 해주는 병자성사에 대해 이야기하고자 합니다. 예전에는 병자성사를 '종부성사終傅聖事'라고 했습니다. 죽음을 눈앞에 둔 사람에게 영적인 위로를 주는 성사로 생각했기 때문입니다. 이와 달리 '병자성사病者聖事'라는 명칭은 질병과 고통의 현실을 하느님 자비 안에서 바라보도록 우리의 시선을 넓혀줍니다.

병자성사가 담고 있는 신비의 깊이를 온전히 드러내 주는 이야기 한 편이 성경에 나옵니다. 루카복음서에 나오는 '착한 사마리아 사람'의 비유입니다.루카 10,30-35 우리가 병자성사를 거행할 때마다 주 예수님은 성사를 집전하는 사제를 통하여 중병에 걸려 고통을 겪는 사람이나 노인에게 가까이 다가가십니다.

루카복음서의 비유에서 착한 사마리아 사람은 고통을 겪고 있는 이의 상처에 올리브기름과 포도주를 붓고 돌보아 주었습니다. 올리브기름은 매년 성목요일 성유 축성 미사에서 주교가 병자성사를 위한 목적으로 축성하는 기름을 떠올리게 합니다. 이와 달리 포도주는 우리를 위해 당신 생명을 선물로 내어주신 그리스도의 사랑과 은총을 상징합니다. 이 사랑과 은총의 풍요로움은 교회의 성사생활에서 완전히 드러납니다. 착한 사마리아 사람은 상처 입은 이를 여관으로 데려가 여관 주인에게 맡기고 길을 나섭니다. 그를 돌보는 데 드는 모든 비용을 자신이 책임지겠다고 약속합니다. 자, 그렇다면 이 비유에서 여관 주인은 누구를 상징할까요? 그것은 바로 교회, 그리스도인 공동체, 우리 자신입니다. 예수님은 육체적으로든 영적으로든 고통을 겪는 이들을 날마다 우리에게 맡기십니다. 우리가 한없는 당신의 사랑과 구원을 그들에게 계속해서 전달해 주고 돌보아 주게 하시려는 것입니다.

예수님이 우리에게 주신 이 사명은 야고보서에 아주 자세하고 분명하게 제시되어 있습니다. "여러분 가운데에 앓는 사람이 있습니까? 그런 사람은 교회의 원로들을 부르십시오. 원로들은 그를 위하여 기도하고, 주님의 이름으로 그에게 기름을 바르십시오. 그러면 믿음의 기도가 그 아픈 사람을 구원하고, 주님께서는 그를 일으켜 주실 것입니다. 또 그가 죄를 지었으면 용서를 받을 것입니다." 야고 5,14-15 이 권고의 말씀은 병자성사가 이미 사도 시대부터 행해졌던 예식이었음을 말해줍니다. 예수님은 병자들과 고통을 겪는 이들에게 당신이 보여주신 그 사랑을 제자들도 간직하라고 가르치셨습니다. 또한 예수님은 제자들에게 당신의 이름으로, 그리고 당신의 온화한 마음과 평화에 힘입어 계속해서 그 사랑을 아낌없이 나누어 주게 하셨습니다. 예수님은 제자들에게 그 사명과 더불어 그 일을 수행할 수 있는 능력도 주셨습니다. 제자들은 병자성사의 특별한 은총으로 고통을 겪는 이들에게 그 사랑을 쏟아부어 줍니다. 그렇다고 해서 병자성사를 통해 반드시 기적이 일어나야 한다는 강박관념을 갖거나 언제 어디서든지 치유를 얻을 수 있다고 과신하는 일은 없어야 합니다. 오히려 우리는 병자성사로 예수님이 병자와 노인에게 더욱 가까이 계심을 확신해야 합니다.

우리 주변에 병자가 있을 때 가끔 이렇게 생각하는 사람이 있습니다. '사제를 모셔오면 좋겠어. 아니지, 그러지 않는 것이 좋겠어. 불행한 일이 벌어질 수도 있잖아.' 또는 이러한 생각을 할 수도 있습니다. '사제가 오시면 혹시라도 환자가 놀랄 수도 있으니 모시지 않는 것이 좋겠어.' 이러한 생각을 하는 이유는 무엇일까요? 그것은 사제를 모셔다 병자성사를 받으면 장례식을 치러야 할지도 모른다는 생각 때문입니다. 이것은 옳지 않은 생각입니다. 사제는 병자나 노인을 도와주기 위해 오는 것입니다. 따라서 사제가 병자나 노인을 찾아가는 것은 아주 중요한 일입니다. 사제에게 병자를 찾아와 달라고 청하면서 이렇게 말해야 합니다. "어서 와주십시오. 이 사람에게 기름을 바르고 축복해 주십시오." 그러면 사제를 통해 예수님이 병자를 찾아주십니다. 예수님이 몸소 병자를 위로하고 힘을 주기 위해, 그에게 희망을 주고 도와주기 위해, 또한 그의 죄를 용서하기 위해 찾아오실 것입니다. 이것은 참으로 아름다운 일입니다! 병자성사를 금기시할 필요는 없습니다.[13] 고통 중에 있을 때, 병들어 아파할 때 우리가 혼자가 아니라는 사실을 아는 것은 언제나 기쁨을 줍니다. 병자성사를 거행하는 동안 사제를 비롯하여 그 자리에 함께하는 이들은 실제로 그리스도교 공동체 전체를 대표합니다. 그렇게 공동체 전체는 고통 중에 있는 이와 그의 가족과 함께 한 몸을 이루고 단단히 일치하면서 기도와 형제적 사랑으로 그들을 격려하고 믿음과 희망을 북돋워 줍니다. 그러나 가장 큰 위로는, 예수님이 몸소 병자성사를 통하여 그 자리에 현존하신다는 사실입니다. 예수님은 병자성사를 통하여 우리를 당신 손으로 붙들어 주시고, 공생활 중에 병자들에게 하신 것처럼 우리를 어루만져 주시며, 당신께 속한 우리를 기억해 주십니다. 그러니 어떤 악도 죽음도 우리를 그분에게서 떼어놓을 수 없습니다. 가까운 이가, 단순히 감기에 걸려 삼사일 고

13. 예전에 병자성사를 '종부성사'라고 부르던 시절에 이 성사를 거행하기 위해 사제를 모셔온다는 것은 환자나 노인의 죽음을 전제로 한 일이었다. 따라서 종부성사는 거의 죽음과 직결된 성사로 인식되었다. 또한 환자나 노인에게 종부성사를 받으라고 권하는 것은 그 사람에게 죽음이 눈앞에 와있음을 알리고 준비시키는 것과 같았다. 이러한 관점에서 예전에는 환자나 노인에게 병자성사 이야기를 꺼내는 것을 금기시하였다.

생하는 것이 아니라 정말 심각한 병에 걸려 고통당하고 있을 때, 또 연세 많은 어르신을 위해 사제를 부르는 것은 우리의 관례 아닙니까? 이것은 사제가 그들을 찾아와 병자성사를 베풀고 그들의 앞길을 위해 예수님이 주시는 위로와 힘을 전달해 주기 위한 것입니다. 계속해서 그렇게 실천합시다!

성품성사
섬김의 직무

앞서 우리는 세 가지 성사, 곧 세례성사, 견진성사, 성체성사에 대해 이야기를 나누었습니다. 이 세 성사는 '그리스도교 입문'의 신비, 곧 그리스도 안에서 우리를 새로 태어나게 하는 은총을 가져다주는 일련의 위대한 사건입니다. 모두가 주 예수님의 제자가 되어 교회 안에서 하나로 결합하는 것은 우리가 받은 가장 기본적인 성소입니다. 이 성소에 부합하는 것이 세 가지 성사로 구성된 입문성사입니다.

그다음으로 특별한 성소에 부합하는 두 가지 성사가 있습니다. 그것은 바로 성품성사와 혼인성사입니다. 이 두 성사는 서로 다른 위대한 길을 열어줍니다. 이 두 길을 통해 그리스도인은 그리스도의 본보기를 따라 그분의 이름으로 자신의 삶을 사랑의 선물로 내어주고 교회 건설에 동참하게 됩니다.

주교품, 사제품, 부제품으로 구분되는 성품성사는, 주 예수님이 성령의 힘으로 당신의 마음을 본받아 당신의 양 떼를 돌보라고 사도들에게 맡기신 직무를 수행할 수 있는 권한을 부여하는 성사입니다. 예수님의 양 떼를 돌보는 것은 인간적인 권위에서 오는 힘도, 개인적인 힘도 아닌 성령의 힘으로 예수님 사랑의 마음을 본받아 실천해야 하는 직무입니다. 주교와 사제와 부제는 주님의 양 떼를 사랑으로 돌봐야 합니다. 이 일을 사랑으로 행하지 않는다면 섬기는 것이 아닙니다. 이러한 의미에서 섬김의 직무를 위해 선발되고 축성된 성직자들이 하느님의 이름으로 성령의 힘과 사랑으로 주님의 양 떼를 돌본다면, 그들은 예수님의 현존을 우리 가운데 지속시켜 주는 역할을 하는 것입니다.

성품성사를 받은 이들이 부여받는 첫째 특징은 '공동체의 지도자' 자리에 서게 된다는 것입니다. 그렇습니다. 그들은

'지도자'입니다. 그러나 예수님에게는 권위를 행사한다는 것이 '섬김'을 뜻합니다. 예수님은 이에 대한 본보기를 직접 제자들에게 보여주셨으며 다음과 같은 말씀으로 가르쳐 주셨습니다. "너희도 알다시피 다른 민족들의 통치자들은 백성 위에 군림하고, 고관들은 백성에게 세도를 부린다. 그러나 너희는 그래서는 안 된다. 너희 가운데에서 높은 사람이 되려는 이는 너희를 섬기는 사람이 되어야 한다. 또한 너희 가운데에서 첫째가 되려는 이는 너희의 종이 되어야 한다. 사람의 아들도 섬김을 받으러 온 것이 아니라 섬기러 왔고, 또 많은 이들의 몸값으로 자기 목숨을 바치러 왔다."마태 20,25-28; 참조: 마르 10,42-45

주교가 공동체를 섬기지 않는다면 직무를 제대로 수행하는 것이 아닙니다. 사제가 자신의 공동체를 섬기지 않는다면 직무를 제대로 수행하는 것이 아니며 잘못된 길을 걷는 것입니다.

성품성사를 받은 이들의 또 다른 특징은 '교회를 향한 열렬한 사랑'입니다. 이 특징도 첫째 것과 마찬가지로 그리스도와 성사적으로 일치하는 데서 비롯합니다. 이와 관련하여

성 바오로가 에페소서에서 들려준 말씀을 떠올려 봅시다. '그리스도께서 교회를 사랑하시고 교회를 위하여 당신 자신을 바치셨습니다. 그리스도께서 그렇게 하신 것은 교회를 말씀과 더불어 물로 씻어 깨끗하게 하셔서 거룩하게 하시려는 것이었습니다. 그리고 교회를 티나 주름 없이 아름다운 모습으로 당신 앞에 서게 하시며, 거룩하고 흠 없게 하시려는 것이었습니다.'에페 5,25-27 성품성사를 통해 직무를 부여받은 성직자는 자신의 공동체를 위해 자신의 모든 것을 바쳐 헌신하며 온 마음으로 그 공동체를 사랑합니다. 공동체는 자신의 가족이기 때문입니다. 주교와 사제는 자신의 공동체 안에서 교회를 사랑합니다. 전적으로 사랑합니다. 어떻게 사랑할까요? 그리스도께서 교회를 사랑하신 것처럼 사랑합니다. 성 바오로는 혼인에 대해서도 같은 가르침을 줍니다. 남편은 그리스도께서 교회를 사랑하신 것처럼 자기 아내를 사랑해야 합니다. 이것은 사랑의 큰 신비입니다. 성품성사의 신비이며 혼인성사의 신비입니다. 이 두 성사는 사람들이 주님께 나아가기 위한 통상적인 길입니다.

성품성사를 받은 이들의 마지막 특징은 '자신이 지닌 은사를 언제나 충분히 활용하는 것'입니다. 바오로 사도는 티모테오에게 자신이 지닌 은사를 소홀히 하지 말라고, 언제나 불태우라고 권고합니다. 은사는 안수를 통해 받은 것입니다.1티모 4,14; 2티모 1,6

주교든 사제든 자신의 직무를 위해 필요한 영양분을 충분히 섭취해야 합니다. 기도하고 하느님 말씀을 들으며 날마다 성체성사를 거행하고 자주 고해성사를 보면서 직무에 필요한 영양분을 충분히 섭취하지 않으면, 섬김의 고유한 의미를 망각하고 예수님과의 깊은 친교에서 오는 기쁨도 잃어버릴 수밖에 없습니다.

기도하지 않는 주교, 하느님 말씀을 듣지 않는 주교, 날마다 성체성사를 거행하지 않는 주교, 정기적으로 고해성사를 보지 않는 주교, 또한 그렇게 하지 않는 사제는 결국 예수님과의 일치에서 벗어나게 되고 교회에 유익을 주지 못하는 속인이 되고 맙니다. 그러므로 우리는 주교와 사제들이 기도하고 일용할 양식인 하느님의 말씀을 들으며, 날마다 성체성사를 거행하고 규칙적으로 고해성사를 보러 갈 수 있도록 도와주어야 합니다. 이것은 아주 중요한 일입니다. 주교들과 사제들의 성화에 직결된 일이기 때문입니다.

지금 머릿속에 떠오른 것을 이야기하면서 이 강론을 마무리할까 합니다. 사제가 되려면 어떻게 해야 할까요? 사제직 허가증을 파는 곳은 없을까요? 없습니다. 그러한 것을 파는 곳은 어디에도 없습니다. 사제직을 부여할 수 있는 절대적 권한은 주님께 있습니다. 주님께서 불러주십니다. 당신이 사제로 삼고 싶은 사람을 당신 친히 부르십니다. 여러분 가운데는 그러한 부르심을 마음으로 느낀 분도 있을 것입니다. 다시 말해 사제가 되고 싶은 열망, 하느님에게서 오는 것들을 통해 다른 이들에게 봉사하고 싶은 열망, 예비자들을 가르치고 세례를 베풀고 용서하고 성체성사를 거행하고 병자들을 돌보는 데 일생을 봉헌하고 싶은 열망, 평생 그러한 삶을 살고 싶은 열망을 지닌 분들이 있을 것입니다. 여러분 가운데 이러한 것을 느낀 분이 있다면, 그것을 여러분의 마음에 넣어주신 분이 바로 예수님이심을 잊지 마십시오. 그러니 예수님의 초대를 진지하게 받아들이고, 이 성소가 자라나 교회 전체를 위한 결실을 맺을 수 있도록 기도하십시오.

혼인성사
그리스도인의 혼인의 가치

혼인성사에 대한 이야기를 끝으로 성사에 대한 강론을 마무리하고자 합니다. 하느님은 당신 백성인 우리 모두와 계약을 맺고 친교를 나누십니다. 혼인성사는 이러한 계약과 친교에 담긴 하느님 뜻의 정점으로 우리를 이끌어 줍니다. 창세기의 시작 부분에는 하느님의 세상 창조 이야기가 나오는데, 창조의 완성 단계에 이런 말씀이 있습니다. "하느님께서는 이렇게 당신의 모습으로 사람을 창조하셨다. 하느님의 모습으로 사람을 창조하시되 남자와 여자로 그들을 창조하셨다. 그러므로 남자는 아버지와 어머니를 떠나 아내와 결합하여, 둘이 한 몸이 된다." 창세 1,27; 2,24 하느님의 모상은 남자와 여자, 곧 한 쌍의 부부입니다. 하느님의 모상은 남자만도 아니고 여자만도 아니며 남자와 여자 두 사람입니다. 이것이 바로 하느님의 모상입니다. 따라서 우리를 향한 하느님의 사랑과 그분이 우리와 맺으신 계약은 남자와 여자 사이의 계약에서 상징적으로 드러납니다. 참으로 아름다운 사실입니다! 우리는 하느님을 드러내도록, 그분의 사랑을 반영하도록 사랑으로 창조되었습니다. 그리고 남자와 여자는 부부의 일치를 통해 충만하고 결정적인 생명의 친교와 상호성의 상징이 되라는 부르심을 실현하게 됩니다.

남자와 여자가 혼인성사를 거행할 때, 하느님은 그들을 통해 당신을 드러내시고 당신 모습과 변함없는 당신 사랑을 그들 안에 새겨주십니다. 혼인은 우리를 위한 하느님 사랑의 아이콘입니다. 사실 하느님도 친교이십니다. 아버지와 아들과 성령의 세 위격이 완전한 일치 안에서 영원히 생활하시기 때문입니다. 마찬가지로 혼인의 신비도 바로 이것입니다. 하느님이 남자와 여자 두 사람을 단 하나의 실존이 되게 하신다는 것입니다. 이를 두고 성경은 직접적인 표현을 사용하여 남자와 여자가 '한 몸'이 되었다고 말합니다. 혼인을 통해 이루어지는 남자와 여자의 결합은 참으로 내적이고 친밀한 것입니다. 따라서 혼인의 신비는 또한 이것입니다. 함께 살기로 결심한 부부에게서 하느님의 사랑이 드러난다는 것입니다. 이러한 이유에서 남자는 아내와 함께 살기 위해 자신의 집, 곧 아버지와 어머니의 집을 떠나 아내와 완전히 결합합니다. 성경이 말한 것처럼 둘이 한 몸이 됩니다.

성 바오로는 그리스도인 부부에게서 큰 신비가 드러난다는 것을 에페소서에서 강조합니다. 그리스도께서 교회와 맺으신 관계, 곧 혼인 관계가 그리스도인 부부에게서 드러난다는 것입니다. 에페 5,21-33 교회는 그리스도의 신부입니다. 이것이 바로 그리스도와 교회의 관계입니다. 이 사실은 혼인이 특별한 성소에 응답하는 것이며 하나의 성사로 견고하게 축성되어야 한다는 것을 의미합니다.[14] 혼인은 축성되는 사건입니다. 남자

14. 제2차 바티칸공의회 사목 헌장 〈기쁨과 희망〉*Gaudium et Spes*, 48항; 교황 요한 바오로 2세의 권고 「가정 공동체」*Familiaris Consortio*, 56항 참조

와 여자가 서로의 사랑 안에서 축성되기 때문입니다. 사실 신랑과 신부는 성사에 힘입어 참되고 고유한 사명을 부여받게 됩니다. 그것은 충실함과 섬김으로 당신 교회를 사랑하시며 그 교회를 위해 당신 생명을 계속해서 선물하는 그리스도의 사랑을 단순하고 일상적인 삶을 통해 드러내야 하는 사명입니다.

혼인성사에 담긴 하느님의 뜻은 참으로 놀랍습니다! 순박함과 나약함이라는 인간적 조건 안에 하느님의 뜻이 실현되는 것입니다. 남자와 여자가 한 몸이 되어 혼인생활을 하는데 얼마나 많은 어려움과 시련이 뒤따르는지 우리는 잘 알고 있습니다. 중요한 것은 부부 관계의 근본이 되는 하느님과의 관계를 생생하게 유지하는 것입니다. 진실한 관계는 언제나 주님과의 관계에 그 바탕을 둡니다. 가족이 기도하면 그 관계는 계속 유지됩니다. 신랑이 신부를 위해 기도하고 신부가 신랑을 위해 기도하면 그 관계는 더욱 견고해집니다. 서로가 서로를 위해 기도해야 합니다. 혼인생활에는 일자리나 금전적인 부족함에서 오는 어려움, 여러 문제를 안고 있는 자녀들로 인한 어려움 등 많은 어려움이 뒤따릅니다. 정말 그렇습니다.

어려운 일이 참으로 많습니다. 남편과 아내가 신경질을 부리거나 말다툼하는 때도 많습니다. 부부는 그렇게 살아갑니다. 혼인생활을 하다 보면 계속해서 티격태격하게 됩니다. 때로는 접시가 날아다니기도 합니다. 그렇다고 좌절할 필요는 없습니다. 인생살이가 다 그런 것입니다.

여러분이 잘 모르는 것이 있습니다. 말다툼하는 이유가 무엇이든 그보다 더 중요한 것은 사랑이라는 사실입니다. 그러므로 저는 언제나 부부들에게 이렇게 충고합니다. 말다툼을 했다 해도 화해하지 않고 하루를 마무리하지는 마십시오! 절대로 그래서는 안 됩니다! 화해하는 데 '유엔'의 중재까지 필요하지는 않습니다. 화해는 작은 행동 하나, 애정을 표현하는 작은 몸짓 하나, "미안해, 잘 자!"라는 간단한 인사로도 충분합니다. "미안해, 내일 봐!" 하고 인사할 수도 있습니다. 그렇게 다음 날, 또 다른 하루가 시작됩니다. 이것이 인생입니다. 그렇게 조금씩 앞으로 나아가는 것, 함께 생활하고자 하는 열의를 가지고 용기를 내어 앞으로 나아가는 것입니다. 이것은 아주 위대하고 아름다운 일입니다! 혼인생활은 참으로 아름다운 것입니다. 우리는 혼인생활을 지켜야 하고 자녀들을 보호해야 합니다.

저는 앞서 다른 기회에 혼인생활에 도움을 주는 것에 대해 이야기한 적이 있습니다. 그것은 바로 우리가 자주 사용해야 하는 세 가지 표현입니다. 가정에서 표현해야 하는 세 가지 말은 '괜찮을까요',[15] '감사합니다', '미안해요'입니다. 이 세 가지 표현은 마법과도 같은 힘이 있습니다. '괜찮을까요'라는 표현은 부부의 삶이 어긋나지 않게 하는 데 필요한 말입니다. 예를 들어, "당신 생각은 어때요? 괜찮을까요?" 또는 "당신이 괜찮다면, 이 일은 내가 할게요"라고 말하는 것입니다. '감사합니다'라는 표현은 부부가 서로에게 고마운 마음을 전하는 말입니다. 예를 들어 "당신이 나를 위해 해준 것에 대해 감사해요"라든가 "이번 일, 고마워요"라고 말하는 것입니다. 감사하는 마음을 전한다는 것은 참으로 아름다운 일입니다! 그리고 우리 모두는 실수를 할 수 있기에 또 다른 말이 필요합니다. 이것은 표현하기가 조금 어려운 말일 수도 있습니다. 하지

15. 이탈리아어로 '페르메쏘Permesso'라고 하는데, 이것은 상대방의 양해를 구하는 말이다. 우리말로는 경우에 따라 '실례합니다', '미안하지만 잠시만요', '괜찮다면 ~하면 어떨까요', '~해도 될까요?' 등으로 표현할 수 있다.

만 필요한 경우에는 언제든지 "미안합니다"라고 말해야 합니다. '괜찮을까요', '감사합니다', '미안해요' 이 세 가지 말을 사용하면서 남편과 아내가 서로를 위해 기도하고 하루를 마감하기 전에 화해하는 습관을 들이면, 혼인생활은 앞으로 나아갈 것입니다. 마법과도 같은 힘을 지닌 세 가지 말과 기도와 화해하기를 잊지 마십시오.

3 걷기 위한 성령의 은혜

성령의 은혜

'그들은 모두 성령으로 가득 찼다.'사도 2,4

예수님은 마지막 만찬 때에 제자들과 이야기를 나누시면서, 당신이 이 세상을 떠나신 다음 그들에게 '아버지의 선물'인 성령을 보내주겠다고 말씀하셨습니다.요한 15,26 이 약속은 오순절에 실현되었습니다. 오순절, 한자리에 모여있던 제자들 위로 성령께서 내려오신 것입니다. 이 성령강림은 아주 특별한 사건이지만 그날 그 순간에만 국한된 사건이 아닙니다. 여전히 오늘날에도 새롭게 이어지고 있는 사건이기 때문입니다.

아버지 오른편에 영광스럽게 계신 그리스도는 생기를 불어넣어 주시는 성령, 다시 말해 우리를 '가르치고 기억하게 하고 말하게 하시는' 성령을 교회에 보내주심으로써 당신 약속을 끊임없이 실현해 가십니다.

성령께서는 우리를 '가르치십니다.' 그분은 우리의 영적 스승이시기 때문입니다. 성령은 삶의 여러 가지 상황에서 우리를 올바른 길로 이끄십니다. 그분은 길을 가르쳐 주십니다. 초대교회 시절에 그리스도교는 '길'이라고 불렸습니다.사도 9,2 사실 예수님 자체가 길이십니다. 성령은 우리가 예수님을 뒤따르도록, 그분의 발자취를 따라 걷도록 가르치십니다. 성령은 교리의 스승보다는 삶의 스승이십니다. 우리의 삶에서 배우고 이해하는 것은 중요한 부분을 차지하는데, 진정한 가치를 지닌 배움과 이해는 그리스도인 실존의 더욱 폭넓고 조화로운 지평에서 전개되어야 합니다.[16]

16. 배우고 이해하는 일이 삶의 중요한 부분이지만 그 대상이 지상적이고 현세적인 것에 머문다면 참된 가치를 지닌다고 할 수 없다. 그리스도인의 삶은 영원한 생명을 향해 열려있기 때문에, 그 배움과 앎도 그러한 실존을 대상으로 하는 것이어야 진정한 가치와 의미를 지닐 수 있다.

성령께서는 우리를 '기억하게 해주십니다.' 예수님이 말씀하신 모든 것을 기억하게 해주십니다. 이것은 교회의 생생한 기억을 두고 하는 말입니다. 성령은 주님의 말씀을 기억하게 해주시는 동시에 우리가 그 말씀을 이해하게 해주십니다.

성령에 힘입은 기억은 그분 은총 덕분에 단순히 상기하는 일로 축소되지 않습니다. 이 기억의 본질적 특성은 우리 가운데, 그리고 교회 안에서 이루어지는 그리스도의 현존입니다. 진리와 사랑의 성령은, 그리스도께서 하신 말씀을 우리가 기억하게 해주시고, 그 말씀의 의미 속으로 더욱 깊이 들어갈 수 있도록 이끌어 주십니다. 우리는 모두 이런 경험이 있습니다. 어떤 상황에서든지 순간순간 한 가지 생각이나 연이은 또 다른 생각이 성경의 한 대목과 연결되는 때가 있습니다. 그렇게 성령은 우리에게 그 길을 걷도록, 교회의 생생한 기억의 길을 걷도록 이끌어 주십니다. 이 이끄심은 우리에게 응답을 요구합니다. 우리는 기꺼이 응답해야 합니다. 예수님의 말씀은 우리의 삶이 되어야 합니다. 그 말씀이 우리의 태도, 선택, 행동이 되어야 합니다. 우리는 그 말씀을 삶으로 증거해야 합니다. 결론적으로 성령은 우리에게 사랑의 계명을 기억하게 하시고 그 계명을 삶으로 실천하도록 부르십니다.

기억하지 않는 그리스도인은 참 그리스도인이 아닙니다. 그런 그리스도인은 길을 가다 마는 사람이고, 현재에 갇힌 사람입니다. 그런 사람은 삶의 보물을 소중히 다룰 줄도, 자신의 삶이 구원 역사의 한 부분임을 깨닫지도, 그 역사를 살아갈 줄도 모릅니다. 이와 달리 우리는 성령의 도움으로 마음에 떠오른 생각과 삶에서 벌어지는 일들을 예수님 말씀에 비추어 해석할 수 있습니다. 그렇게 우리 안에서는 성령의 선물인 기억의 지혜, 마음의 지혜가 자라납니다. 성령께서 우리 모두에게 그리스도교 안에 이어져 온 기억을 생생하게 해주실 것입니다! 성령강림이 이루어지던 그날, 기억의 여인이 사도들과 함께 있었습니다. 그는 처음부터 마음속으로 모든 것을 되새기고 있던 여인입니다. 바로 우리 어머니 마리아입니다. 성모 마리아가 기억의 길을 걷는 우리를 도와주실 것입니다.

이렇게 성령께서는 우리를 가르치고 기억하게 해주시면서, 다른 한편으로는 '우리를 말하게 하십니다.' 우리는 성령에 힘입어 하느님, 그리고 다른 이들과 함께 이야기를 나눌 수 있습니다. 우리는 벙어리 그리스도인이 아닙니다. 우리는 마음이 닫힌 벙어리가 아닙니다. 아니, 그런 일은 절대 있을 수 없습니다.

이렇게 성령께서는 우리가 '기도' 안에서 하느님과 이야기를 나누게 하십니다. 기도는 우리가 무상으로 받은 선물입니다. 기도는 우리 안에서 우리를 위해 기도하시고 우리가 하느님을 아빠, 아버지라고 부르게 해주시는 성령 안에서 하느님과 나누는 대화입니다.로마 8,15; 갈라 4,6 우리가 하느님을 아빠, 아버지라고 부르는 것은 단순히 대화를 위한 표현 방식이 아니라 현실 그대로입니다. 우리는 '실제로' 하느님의 자녀입니다. "하느님의 영의 인도를 받는 이들은 모두 하느님의 자녀입니다."로마 8,14

성령께서는 우리에게 신앙을 고백하는 말을 하게 하십니다. "성령에 힘입지 않고서는 아무도 '예수님은 주님이시다' 할 수 없습니다."1코린 12,3 또한 성령께서는 우리가 다른 사람들과 '형제적 대화'를 나누게 하십니다. 다시 말해 우리가 다른 사람들을 형제며 자매로 알아보고 그들과 대화를 나누도록 도와주십니다. 애정과 호의와 온화함을 지니고 다른 이들의 고뇌와 희망과 슬픔과 기쁨을 이해하면서 그들과 대화를 나누게 도와주십니다.

한 걸음 더 나아가, 성령께서는 우리를, 하느님의 말씀이 전달되는 겸허하고 유순한 '통로'가 되게 하시고 다른 이들에게 '예언'의 말씀을 전하게 하십니다. 예언은 진실하게, 언제나 올바른 목적으로 온유하게 선포되어야 합니다. 그래야 부조리와 불의가 선명하게 드러날 테니까요. 우리가 성령으로 충만해지면 사랑하고 섬기고 생명을 선물하시는 하느님의 도구와 표징이 될 수 있습니다.

결론적으로 말하면, 성령은 우리에게 길을 가르쳐 주십니다. 그분은 기억하게 해주시고 예수님의 말씀을 우리에게 설명해 주십니다. 우리를 기도하게 하고, 하느님을 아버지라고 부르게 해주시며, 다른 이들과 형제적 대화를 나누게 하고, 예언의 말씀을 전하게 해주십니다.

오순절, 제자들이 '성령으로 가득 찬' 그날, 교회는 성령의 세례를 받고 모든 이에게 기쁜 소식을 선포하러 '밖으로 나가기 위해', '출발하기 위해' 태어났습니다. 어머니인 교회가 섬기기 위해 길을 나선 것입니다. 우리는 여기서 또 다른 어머니, 섬기기 위해 모든 준비를 갖추고 길을 나선 우리의 어머니 마리아를 떠올릴 수 있습니다. 교회와 마리아는 둘 다 동정이며 어머니이고 여성입니다. 예수님은 사도들에게, 위에서 성령의 힘을 받기 전에는 예루살렘을 떠나지 말라고 단호하게 이르셨습니다.사도 1,4.8 성령 없이는 사명도 없고 복음화도 없습니다. 그러므로 온 교회와 함께, 우리 어머니인 가톨릭교회와 함께 간청합시다. 성령이시여, 어서 오소서!

지혜
하느님이 주시는 현명함

성령은 '하느님의 가장 위대한 선물'입니다.요한 4,10 하느님의 선물인 성령은 당신을 받아들이는 이에게 다양한 영적 선물을 베풀어 주십니다. 이제부터 성령의 은혜에 대해 함께 생각해 봅시다.

교회는 성령의 은혜를 일곱 가지로 구분합니다. '일곱'이라는 숫자는 상징적으로 '충만함, 완전함'을 뜻합니다. 우리는 견진성사를 준비하면서 이 일곱 가지 은혜에 대해 배웠습니다. 또한 〈성령 송가〉를 바치면서 이 은혜를 청합니다. 성령의 일곱 가지 은혜는 '지혜, 통찰, 깨우침, 용기, 지식, 공경, 경외'입니다.

여기에서 제시되는 성령의 첫째 은혜는 '지혜'입니다. 이것은 인간적 이해와 체험의 열매인 지혜를 말하는 것이 아닙니다. 성경에 따르면 이스라엘의 임금이 된 솔로몬은 하느님께 지혜의 선물을 청했습니다. 1열왕 3,9 지혜는 '모든 것을 하느님의 눈으로 바라볼 수 있게 하는 은총'입니다. 단순하게 표현하자면, 하느님의 눈으로 세상을 보는 것입니다. 세상의 갖가지 상황과 상태와 모든 문제를 하느님의 눈으로 바라보는 것입니다. 이것이 바로 지혜입니다. 때로 우리는 마음 내키는 대로, 또는 그때그때의 마음 상태에 따라 사랑, 미움, 시기 등의 눈빛으로 주변을 바라봅니다. 하지만 이것은 결코 하느님의 눈빛이 아닙니다. 지혜는, 우리가 모든 것을 하느님의 눈으로 바라볼 수 있도록 성령께서 우리 안에 채워주신 것입니다. 이것이 지혜의 은혜입니다.

지혜의 은혜는 하느님과 우리 사이의 '친밀감', 우리가 하느님과 맺고 있는 내적 친교, 아버지와 자녀의 관계에 달려있습니다. 우리가 하느님과의 관계를 제대로 유지할 때, 성령께서는 우리에게 지혜의 선물을 베풀어 주십니다. 우리가 주님과 친교를 이룰 때, 성령께서는 우리 마음을 변화시켜 주시어 당신의 열정과 사랑을 충만히 느끼게 해주십니다.

성령은 그리스도인을 '지혜롭게' 해주십니다. 하지만 이것은 모든 것을 알고 온갖 것에 답할 수 있게 해주신다는 뜻이 아닙니다. 하느님을 '알고', 하느님이 어떻게 활동하시는지 알며, 하느님의 것과 하느님의 것이 아닌 것을 구분할 줄 알게 해주신다는 의미입니다. 이와 같은 현명함은 하느님이 우리 마음에 담아주시는 선물입니다. 그러므로 지혜로운 사람의 마음은 '하느님을 맛보고 느낄 수 있는 감각'을 지닙니다. 이런 그리스도인들이 우리 공동체에 있다는 것이 얼마나 중요한지 모릅니다! 그들에게 있는 모든 것이, 하느님에 대해 이야기하고 하느님의 현존과 그분 사랑을 드러내 주는 아름답고 생생한 표징이 됩니다. 이것은 즉흥적으로 할 수 있는 것이 아니고 우리 스스로의 힘으로 얻을 수 있는 것도 아닙니다. 이것은 성령의 이끄심에 순응하는 이에게 하느님이 베풀어 주시는 선물입니다. 우리는 우리 내부에, 우리 마음에 성령을 지니고 있습니다. 우리는 그분의 말씀을 들을 수도 있고 듣지 않을 수도 있습니다. 우리가 성령의 말씀을 듣는다면, 그분은 우리에게 지혜의 길을 가르치시고, 하느님의 눈으로 바라볼 수 있고 하느님의 귀로 들을 수 있으며 하느님의 마음으로 사랑할 수 있고 하느님의 정의로 모든 것을 평가할 수 있는 지혜를 선물하십니다. 이것이 바로 성령께서 우리에게 선물하시는 지혜입니다. 우리 모두는 그 지혜를 가질 수 있습니다. 그러므로 우리가 할 수 있는 유일한 일은 성령께 지혜를 청하는 것입니다.

집에서 아이를 돌보는 엄마를 떠올려 보십시오. 아이들은 제 마음대로 돌아다니며 일을 벌입니다. 가련한 엄마는, 아이가 여기저기에 어질러 놓은 것을 치우느라 정신이 없습니다. 그런데 엄마가 아이들 때문에 지쳐서 큰 소리로 엄하게 꾸짖는다면, 이것이 지혜일까요? 여러분의 생각은 어떻습니까? 이것이 지혜일까요, 아닐까요? 아닙니다! 오히려 엄마가 아이를 안아주면서 부드러운 말로 "이렇게 하면 안 돼. 왜냐하면…" 하고 타이르고, 또 인내심을 가지고 천천히 설명해야, 이것이 하느님의 지혜가 아니겠습니까? 그렇습니다! 이것이 바로 성령께서 우리에게 주시는 선물입니다!

마찬가지로 혼인생활에서 남편과 아내 두 사람이 말다툼을 한 다음에 서로를 쳐다보지도 않는다면, 또는 서로를 바라보더라도 냉랭한 얼굴로 쳐다본다면, 이것이 하느님의 지혜일까요? 아닙니다! 그와 반대로 "아이고, 폭풍이 지나갔으니 이제 그만 화해합시다!" 하고 말하면서 평화 속에서 앞으로 나아가고자 한다면, 이것은 지혜일까요? 그렇습니다, 이것이 지혜의 은혜입니다. 우리 가정에, 우리 아이들에게, 우리 모두에게 지혜의 은혜가 주어지기를 바랍니다!

이것은 배움으로 얻을 수 있는 것이 아니라 성령께서 주시는 선물입니다. 그러므로 우리는 주님께 성령을 보내주시고 지혜의 은혜를 내려주시도록, 다시 말해 우리가 하느님의 눈으로 바라보고 하느님의 마음으로 느끼며 하느님의 말씀으로 말할 수 있는 지혜의 은혜를 내려주시도록 청해야 합니다. 그렇게 우리 모두 하느님의 지혜에 힘입어 앞으로 나아갑시다. 또한 그 지혜로 가정을 이루고 교회를 건설하며 우리 모두 성화된 삶을 삽시다. 다 함께 지혜의 은총을 청합시다. 상지의 옥좌이신 성모님께 이 은혜를 청합시다. 우리에게 이 은총을 베풀어 주시라고 성모님께 간구합시다.

통찰
하느님의 뜻을 이해할 수 있는 능력

앞에서 우리는 성령의 일곱 가지 은혜 가운데 첫째인 지혜에 대해 이야기했습니다. 이제부터는 둘째 은혜인 '통찰'에 대해 생각해 보고자 합니다. 여기서 다루고자 하는 것은 인간적 지성, 다시 말해 우리가 저마다 조금씩 차이를 보이는 타고난 지적 능력이 아닙니다. 통찰은 성령께서 부어주시는 은총입니다. 이 은총은 그리스도인에게 드러나는 현실 너머로 나아갈 수 있고 '하느님의 지극히 깊은 뜻과 그분의 구원 의지를 파악할 수 있는' 능력을 갖게 합니다.

사도 바오로는 코린토 공동체에 편지를 보내면서 이 은혜의 효과에 대해, 곧 통찰의 은혜가 우리에게 주는 것이 무엇인지를 명확하게 설명합니다. 사도는 이렇게 말합니다. "'어떠한 눈도 본 적이 없고 어떠한 귀도 들은 적이 없으며 사람의 마음에도 떠오른 적이 없는 것들을 하느님께서는 당신을 사랑하는 이들을 위하여 마련해 두셨다.' 하느님께서는 성령을 통하여 그것들을 바로 우리에게 계시해 주셨습니다."1코린 2,9-10 이것은 결단코 그리스도인이 모든 것을 이해할 수 있고 하느님의 뜻을 완전히 알 수 있다는 의미가 아닙니다. 우리가 하느님 곁에 머물고 그분과 완전히 하나가 될 때 비로소 희미했던 모든 것이 분명하게 드러나게 된다는 의미입니다. '통찰'을 뜻하는 라틴어 '인투스 레제레intus legere'는 글자 그대로 해석하면 '내부에 있는 것을 읽어내다'라는 의미입니다. 같은 맥락에서 통찰의 은혜는 하느님의 지력으로 그분이 이해하시는 대로 우리가 이해하게 해줍니다. 누구든지 인간적 지력과 분별력으로 주변 상황을 파악할 수 있고 무리 없이 앞으로 나아갈 수 있습니다. 하지만 하느님이 하시는 것처럼 깊이 있게 상황을 파악하는 것은 통찰의 은혜가 가져다주는 효과입니다. 예수님은 우리가 이 은혜를 받을 수 있게 하시려고, 곧 우리 모두가 하느님의 지력으로 무엇이든 그분처럼 이해할 수 있게 하시려고 우리에게 성령을 보내주고자 하셨습니다. 통찰은 주님께서 우리 모두를 위해 마련하신 좋은 선물입니다. 성령께서는 이 선물을 통해 우리를 하느님과의 내적 친교로 이끌어 주시고 우리를 향한 하느님 사랑의 섭리에 참여하게 해 주십니다.

이제 통찰의 은혜가 '신앙과 아주 밀접한 관계'에 있다는 사실이 분명해졌습니다. '성령'께서는 우리 마음속에 거처하시고 우리 정신을 비추는 동시에 '주님께서 말씀하신 것과 이루신 것에 대한 우리의 이해력'도 날마다 성장시켜 주십니다. 예수님이 직접 당신 제자들에게 말씀하셨습니다. '내가 너희에게 성령을 보내주겠다. 그러면 그분이 내가 너희에게 가르쳐 준 모든 것을 너희가 깨닫게 해주실 것이다.'요한 14,26 성령께서는 예수님의 가르침을 깨닫게 하고 그분의 말씀을 이해하게 하시어 결국 복음을 깨달아 하느님의 말씀을 알게 해주십니다. 누구든 복음을 읽고 무언가를 깨달을 수 있습니다. 하지만 우리가 성령의 선물 없이 복음을 읽는다면, 하느님 말씀의 깊은 뜻을 깨달을 수 없습니다. 따라서 통찰은 참으로 큰 선물입니다. 우리 모두가 함께 청하고 또 청해야 할 커다란 은혜입니다. 주님, 저희에게 통찰의 은혜를 베풀어 주십시오!

이 은혜의 깊이와 힘을 아주 잘 표현한 이야기가 루카복음서에 나옵니다. 예수님이 십자가에 못 박혀 돌아가시고 무덤에 묻히신 것을 지켜본 제자들 가운데 두 사람이 절망과 비탄에 잠긴 채 예루살렘을 떠나 엠마오라고 불리는 자기네 마을을 향해 가고 있었습니다. 그들이 걷고 있을 때 부활하신 예수님이 가까이 다가가 그들과 말씀을 나누기 시작하셨습니다. 하지만 슬픔과 절망의 베일에 덮여있던 그들의 눈은 그분을 알아보지 못했습니다. 예수님이 그들과 함께 걷고 계셨음에도 불구하고 그들은 그분을 알아보지 못할 정도로 슬프고 절망한 상태였습니다. 하지만 주님은 그들에게 성경을 풀이해 주시면서 당신이 고난과 죽음을 겪고 나서 부활하셔야 했음을 깨닫게 해주시자, '그들의 눈이 열리고 그들의 마음속에서 희망이 불타올랐습니다.'루카 24,13-27 이것이 바로 성령께서 우리에게 해주시는 일입니다. 우리의 눈을 열어주십니다. 하느님의 것과 인간의 것, 갖가지 상황과 모든 것을 더욱 분명하게 깨닫도록 우리의 마음을 열어주십니다. 그러므로 우리 그리스도인의 삶을 위해 통찰의 은혜는 아주 중요합니다. 주님께 이 선물을 주시도록 청합시다. 주변에서 일어나는 일들을 그분이 이해하시는 것처럼 우리도 이해할 수 있도록, 특별히 복음서에 담긴 하느님의 말씀을 올바로 깨달을 수 있도록 통찰의 은혜를 우리 모두에게 보내주시도록 주님께 청합시다.

깨우침
성장하게 해주는 하느님의 선물

우리는 시편에서 "저를 타일러 주시는 주님을 찬미하니 밤에도 제 양심이 저를 일깨웁니다"시편 16,7라는 말씀을 읽을 수 있습니다. 여기서 말하는 주님의 타이름, 곧 '깨우침'이 성령의 또 다른 은혜입니다. 아주 결정적인 순간에 우리를 아껴주는 현명한 이들의 조언을 들을 수 있다는 것이 얼마나 중요한지 우리는 알고 있습니다. 이제 하느님이 당신의 성령과 함께 깨우침의 은혜를 내려주시어 우리 마음을 비추고 올바른 방식으로 우리가 말하고 행동하게 하시어 따라가야 할 길이 어디인지를 깨닫게 하십니다. 그렇다면 깨우침의 은혜는 우리 안에서 어떻게 작용할까요?

우리가 성령을 받아들이고 우리 마음에 모시는 순간, 그 분은 곧바로 우리에게 당신의 음성을 알아듣게 하시고 우리의 생각과 감각과 의지가 하느님의 뜻에 따라 방향 지어지도록 이끄십니다. 그와 동시에 성령께서는 우리 행동 방식의 본보기이며, 하느님 아버지와 형제들과 우리 관계의 본보기인 예수님을 향해 우리의 내적 시선을 돌리도록 이끌어 주십니다. 이처럼 깨우침은, 예수님과 그분 복음의 논리에 따라 '우리의 양심이 하느님과의 친교 안에서 구체적인 선택을 할 수 있게 해주는' 성령의 선물입니다. 이런 방식으로 성령께서는 우리가 공동체 안에서 내적으로, 또 긍정적으로 성장하게 하십니다. 또한 우리가 주관적 시선으로 주변의 것들을 판단하는 편견과 개인주의의 늪에 빠지지 않게 도와주십니다. 그렇게 성령께서는 우리가 공동체 안에서 성장하고 생활할 수 있도록 도와주십니다.

이 선물을 간직하기 위한 기본적인 조건은 기도입니다. 이것 보십시오. 우리는 매번 기도라는 동일한 주제로 돌아오게 됩니다! 기도는 참으로 중요한 것입니다. 우리가 어릴 적부터 알고 있는 기도문들로 기도할 수도 있고 우리가 하고 싶은 말로 기도할 수도 있습니다. 또 이렇게 기도할 수도 있습니다. "주님, 저를 도와주십시오. 저에게 당신의 깨우침을 주십시오. 지금 제가 해야 할 일은 무엇입니까?" 우리는 기도를 통해 그분께 자리를 내어드려야 합니다. 성령께서 오시어 우리를 도와주시도록, 우리 모두가 해야 할 일이 무엇인지 깨우침을 주시도록 그분을 위한 자리를 만들어야 합니다. 기도! 우리는 절대로 기도를 잊어서는 안 됩니다. 절대로 안 됩니다! 우리가 버스를 타고 가면서 또는 길을 걸으면서 침묵 중에 마음속으로 기도할 때, 우리가 기도하는 것을 알아채는 사람은 아무도 없습니다. 이처럼 일상에서는 혼자서 조용히 기도할 수 있는 기회가 많이 있습니다. 성령께서 우리에게 깨우침의 은혜를 주시라고 기도할 수 있는 시간들을 잘 활용합시다.

우리의 개인적 논리는 대부분 우리의 폐쇄적인 태도, 편견, 야망 등에서 생겨납니다. 우리는 그분 말씀을 들으면서 하느님과의 내적 친교 안에서, 서서히 우리의 개인적 논리를 마음에서 치우고, 그 대신 주님께 "당신의 뜻은 무엇입니까? 당신이 바라시는 것은 무엇입니까?" 하고 여쭙는 기도를 익혀야 합니다. 이러한 방식으로 우리의 내면에는 본래 타고난 것처럼 성령과의 '깊은 일치'가 형성되고, 마태오복음서에서 예수님이 하신 말씀이 정말로 참되다는 것을 체험하게 됩니다. "어떻게 말할까, 무엇을 말할까 걱정하지 마라. 너희가 무엇을 말해야 할지, 그때에 너희에게 일러주실 것이다. 사실 말하는 이는 너희가 아니라 너희 안에서 말씀하시는 아버지의 영이시다."마태 10,19-20

우리에게 깨우침을 주시는 분은 성령이십니다. 우리는 성령께서 우리에게 깨우침을 주실 수 있도록 그분께 자리를 내어드려야 합니다. 자리를 내어드리는 것은 기도하는 것, 성령께서 오시어 언제나 우리를 도와주시라고 기도하는 것입니다.

성령의 다른 은혜들과 마찬가지로 깨우침도 '그리스도인 공동체 전체를 위한' 보물입니다. 주님은 우리 마음 깊은 곳에서만 말씀하시는 분이 아닙니다. 그분은 우리 형제들의 음성과 증언을 통해서도 말씀하십니다. 특별히 우리 인생에서 아주 복잡하고 중요한 시기에 주님의 뜻을 알아차릴 수 있도록 우리 마음속에 불을 밝혀주는 사람들, 신앙의 형제자매들을 만날 수 있다는 것은 참으로 큰 선물입니다!

저는 루한Luján의 대성당 고해소에 앉아 고해성사를 주던 때를 기억합니다. 고해소 앞에는 사람들이 길게 늘어서 있었습니다. 그 가운데에는 귀걸이도 하고 문신도 한, 온몸을 신세대답게 치장한 소년이 있었습니다. 그는 자신에게 일어난 일을 저에게 이야기하려고 왔었어요. 아주 중대하고 어려운 문제가 있었거든요. 이야기를 다 마칠 때쯤 이렇게 말하더군요. “저는 이 일을 모두 엄마에게 이야기했어요. 그랬더니 엄마가 저에게 이렇게 말씀하셨어요. ‘성모님께 가보거라. 그분이 네가 해야 할 일을 알려주실 거야.’” 이렇게 말한 엄마는 깨우침의 은혜를 받은 사람입니다. 그는 아들의 문제를 어떻게 해결해야 할지 몰랐으나 아들에게 올바른 길을 알려줄 수는 있었습니다. ‘성모님께 가보거라. 그분이 네게 말씀해 주실 거야.’ 이것이 바로 깨우침의 은혜입니다. 소박하고 단순한 그 엄마는 아들에게 가장 정확한 깨우침을 제시해 주었습니다. 실제로 그 소년은 제게 이렇게 말했습니다. “저는 성모님을 바라보았어요. 그랬더니 ‘아, 이렇게 이렇게 해야겠구나’ 하는 것을 깨닫게 됐지요.” 저는 아무 말도 할 필요가 없었습니다.

그 자신과 그의 엄마가 이미 필요한 말을 모두 했기 때문입니다. 이것이 바로 깨우침의 은혜입니다. 이 선물을 지니고 있는 어머니 여러분, 자녀들을 위해서도 이 은혜를 청하십시오. 자녀들에게 깨우침을 제시할 줄 아는 것은 하느님이 주신 선물입니다.

사랑하는 여러분, 시편 16편은 다음과 같은 말로 기도하라고 우리를 초대합니다. "저를 타일러 주시는 주님을 찬미하니 밤에도 제 양심이 저를 일깨웁니다. 언제나 주님을 제 앞에 모시어 당신께서 제 오른쪽에 계시니 저는 흔들리지 않으리이다."7–8절 성령께서 언제나 우리 마음속에 이런 확신을 심어주시고, 당신의 위로와 평화로 가득 채워주시기 바랍니다! 여러분, 언제나 깨우침의 은혜를 청하십시오.

용기
힘을 주시는 주님 안에서 굳건한 이들

우리는 앞에서 성령의 세 가지 은혜, 곧 지혜와 통찰과 깨우침에 대해 이야기했습니다. 이제는 주님께서 주시는 '용기'에 대해 생각해 보기로 합시다. 그분은 '나약한 우리를 굳건히 서게 하기 위해' 언제나 우리를 찾아오십니다. 바로 '용기'의 은혜를 통해 우리를 굳건하게 해주시지요.

이 은혜의 중요성을 깨닫게 해주시기 위해 예수님이 들려주신 비유가 있습니다. 씨 뿌리는 사람이 씨를 뿌리러 나갔습니다. 그가 뿌린 씨가 모두 열매를 맺은 것은 아니지만 여하튼 결실은 거둘 수 있었습니다. 길에 뿌려진 씨앗은 새가 와서 먹어버렸습니다. 흙이 많지 않은 돌밭이나 가시덤불 속에 떨어진 씨는 싹을 틔웠지만 뜨거운 햇살과 숨 막히게 하는 가시덤불 때문에 곧바로 말라버렸습니다. 오직 좋은 땅에 떨어진 씨앗만 자라나서 열매를 맺었습니다.마르 4,3-9; 마태 13,3-9; 루카 8,4-8 예수님이 직접 제자들에게 설명하신 것처럼, 씨 뿌리는 사람은 당신 말씀의 씨앗을 풍족하게 뿌려주시는 하느님 아버지를 상징합니다. 그런데 그 씨앗이 우리의 메마른 마음에 떨어질 때가 많습니다. 따라서 그 씨앗이 마음에 받아들여져 싹을 틔웠다 해도 말라버릴 위험이 큽니다. 하지만 성령께서는 용기의 은혜로 '우리 마음의 땅을 해방시켜 주십니다.' 우리 마음의 땅을 구속하는 온갖 두려움과 무감각함과 불확실함에서 해방시켜 주시고, 주님의 말씀을 기꺼운 마음으로 올바르게 실천할 수 있게 해주십니다. 이 용기의 은혜는 값진 도움이 되고 우리에게 힘을 주며 온갖 장애에서 우리를 자유롭게 해줍니다.

인생에는 '어려운 시기'와 '극단적인 상황'도 찾아오는데, 그럴 때 예외적이고 이상적인 방식으로 용기의 은혜가 빛을 발하게 됩니다. 이것은 자기 자신이나 사랑하는 이들의 삶에 드리운 아주 힘겹고 고통스러운 현실과 맞닥뜨린 이들의 체험입니다. 교회는 주님과 그분의 복음에 충실하기 위해 '주저 없이 자신의 생명을 내던진 수많은 형제자매들'의 증언을 전해줍니다. 오늘날에도 세상 곳곳에는 깊은 확신을 가지고 흔들림 없이 자신의 신앙을 증언하고 실천하는 그리스도인들이 많습니다. 그들은 자기네 삶이 때로는 값비싼 대가를 치러야 한다는 것을 알지만 결코 물러서지 않습니다. 우리 모두는 어려운 상황과 많은 고통을 겪어낸 사람들을 알고 있습니다. 그 중에서도 가족을 부양하고 자녀들을 교육하기 위해 고군분투하면서 힘겨운 인생을 살고 있는 사람들을 생각해 봅시다. 그들은 강한 정신으로 모든 어려움을 이겨냅니다. 그 이름은 알지 못하지만, 사람들이 경의를 표하고 교회가 높이 평가하는 이들이 참으로 많습니다. 그들이 존경받는 것은 굳건하기 때문입니다. 자신의 인생, 가족, 일, 신앙을 위해 굳건하게 살아가기 때문입니다. 이 형제자매들은 일상을 사는 숨은 성인들입니다. 그들은 아버지로서, 어머니로서, 형제로서, 자매로서, 시민의 한 사람으로서 자신의 책임을 다하는 데 필요한 용기의 선물을 지니고 있습니다. 우리 주변에는 그런 사람들이 많습니다! 이처럼 드러나지 않게 성덕을 지닌 그리스도인들이 우리와 함께할 수 있게 해주신 주님께 감사드립시다! 이들을 앞으로 나아가게 이끌어 주시는 분은 그들 안에 계신 성령이십니다. 이런 사람들에 대해 생각하는 것은 우리에게 유익합니다. 스스로 자신에게 이런 물음을 던지게 하기 때문이지요. '그들이 이런 일을 모두 하고 있고 또 할 수 있다면, 나도 그렇게 할 수 있지 않을까?' 한 걸음 더 나아가 주님께 용기의 은혜를 내려 주시라고 청하는 기도도 우리에게 유익합니다.

용기의 은혜가 몇몇 경우에만, 또는 특별한 상황에서만 필요하다고 생각해서는 안 됩니다. 이 은혜는 '우리 일상적 삶의 평범함' 속에서 우리 그리스도인 실존에 필요한 기본적인 요소입니다. 앞에서 말한 것처럼, 우리의 인생과 가족과 신앙을 위해서는 일상의 삶에서 굳건해야 하고 용기가 필요합니다. 바오로 사도는 우리 마음에 깊이 와 닿는 말씀을 남겼습니다. "나에게 힘을 주시는 분 안에서 나는 모든 것을 할 수 있습니다."필리 4,13 일상의 평범한 삶을 살 때에도, 어려움과 맞닥뜨릴 때에도 이 말씀을 기억합시다. "나에게 힘을 주시는 분 안에서 나는 모든 것을 할 수 있습니다." 주님께서 힘을 주십니다. 언제나 그렇게 해주십니다. 힘을 모자람 없이 주십니다. 주님은 우리가 견딜 수 있는 한계 이상의 시련은 허락하시지 않습니다. 그분은 언제나 우리와 함께하십니다. "나에게 힘을 주시는 분 안에서 나는 모든 것을 할 수 있습니다."

사랑하는 여러분, 우리는 때로 나태함에 빠지거나 의욕을 잃고 자포자기하고 싶은 유혹을 받기도 합니다. 특히 힘든 일이나 삶의 시련과 맞닥뜨렸을 때 그러한 유혹은 더욱 거세집니다. 하지만 어떤 경우에도 우리 마음을 흐트러지지 않게 합시다. 용기의 은혜로 우리의 마음을 위로하시고, 우리의 삶과 예수님을 따르는 길에 필요한 새로운 힘과 열정을 주시라고 성령께 기도합시다.

지식
피조 세계의 아름다움을 보존하기

이제 성령의 또 다른 은혜, 곧 '지식'의 은혜에 대한 이야기를 시작해 봅시다. 일차적으로 지식이라는 말을 들을 때 우리 대부분은 주변 현실을 더 정확히 파악하고 자연과 우주를 지배하는 법칙을 발견해 내는 인간의 능력을 떠올립니다. 하지만 성령께서 주시는 지식은 인간적 차원의 앎에 국한된 것이 아닙니다. 그것은 피조 세계를 통해 하느님의 사랑과 그분의 위대하심, 모든 피조물과 그분 사이의 깊은 관계를 파악하도록 우리를 이끌어 주는 특별한 선물입니다.

성령께서 우리 눈을 밝혀주시면, 우리는 자연의 아름다움과 우주의 광대함 속에서 하느님을 관상할 수 있고, '만물이 어떻게 하느님과 그분의 사랑에 대해 이야기하는지를 알 수 있습니다.' 이 모든 것은 우리에게 놀라움을 금치 못하게 하고 깊은 감사의 마음을 지니게 합니다! 이것은 인간의 재능과 창작력의 산물인 예술 작품이나 놀라운 사건 앞에서 감탄할 때 느끼는 감정이기도 합니다. 성령께서는 우리가 이 모든 것을 두고 마음 깊은 곳에서부터 주님을 찬미하게 하실 뿐 아니라, 하느님의 무한한 사랑의 징표와 그분의 가장 귀중한 선물을 우리 자신과 우리가 가진 모든 것 안에서 알 수 있게 이끌어 주십니다.

성경 전체의 시작 부분인 창세기 첫 장은, 만물의 아름다움과 선함을 반복하여 드러내면서 하느님이 당신의 피조물을 마음에 들어 하셨다고 강조합니다. 창세기의 저자는 하루하루 창조 이야기를 마무리할 때마다 "하느님께서 보시니 좋았다"창세 1,12.18.21.25라고 증언했습니다. 하느님이 피조 세계를 좋은 것으로, 아름다운 것으로 보셨다면 우리도 그러한 관점을 본받아 피조 세계를 좋고 아름다운 것으로 바라보아야 합니다. 우리가 이 아름다움을 볼 줄 알게 해주는 것이 바로 '지식'의 은혜입니다. 우리에게 이 은혜를 주신 하느님을 찬미합시다. 한없이 아름다운 세상을 우리에게 선물하신 하느님께 감사드립시다!

창세기의 저자는, 하느님이 인간을 창조하신 다음에는 단순히 그분 보시기에 '좋았다'라고 표현하지 않고 "참 좋았다" 1,31라고 강조했습니다. 우리는 하느님의 눈에 가장 아름답고 가장 위대하며 가장 좋은 피조물입니다. 주님께서는 우리를 사랑하십니다! 그러므로 우리는 주님께 감사를 드려야 합니다. 지식의 은혜는 우리가 '창조주와 깊은 일치'를 이루게 하고 그분의 투명한 시선과 공명한 심판을 본받게 해줍니다. 이러한 시각에서 우리는 남자와 여자에게서 피조물의 정점을 발견할 수 있습니다. 곧 남자와 여자에게서 하느님 사랑의 계획이 완성되었음을 깨달을 수 있습니다. 그 사랑은 우리 각자의 내면에 새겨졌으며 우리가 서로를 형제자매로 알아보게 해줍니다.

이 모든 것은 평온함과 평화를 가져다주며, 피조 세계를 바라보면서 하느님의 사랑을 찬미하고 노래할 줄 알았던 아시시의 프란치스코 성인이나 다른 많은 성인의 경우처럼, 그리스도인이 하느님을 기쁘게 선포하는 증인이 되게 해줍니다.

이와 동시에 지식의 은혜는, 우리가 절제 없거나 잘못된 태도를 취하지 않도록 이끌어 줍니다. 그러한 태도 가운데 첫째는 우리 자신을 피조 세계의 주인처럼 여기는 것입니다. 피조 세계는 우리의 쾌락을 위해 마음대로 지배할 수 있는 우리의 소유물이 아닙니다. 더욱이 몇몇 소수의 소유물도 아닙니다. 피조 세계는 하느님의 선물입니다. '모든 이의 유익을 위해 언제나 존중하고 감사하는 마음으로 돌보고 활용하도록' 하느님이 우리에게 주신 놀라운 선물입니다. 잘못된 둘째 태도는 피조물들이 우리의 모든 바람을 충족시켜 줄 수 있다고 생각하면서 피조 세계를 우상처럼 여기는 것입니다. 성령께서는 지식의 은혜를 통해 우리가 그러한 잘못에 빠지지 않도록 도와주십니다.

저는 조금 전에 언급한 잘못된 첫째 길, 곧 피조 세계를 보호하는 것이 아니라 지배하는 태도에 대한 이야기로 되돌아가고 싶습니다. 우리는 피조 세계를 보호해야 합니다. 피조 세계는 하느님이 우리에게 선물로 주신 것이기 때문입니다.

그러므로 우리는 피조 세계의 보호자입니다. 우리가 피조 세계를 착취한다면, 그것은 하느님 사랑의 징표를 파괴하는 것입니다. 피조 세계를 파괴하는 것은 하느님께 "저는 당신이 싫어요" 하고 말씀드리는 것입니다. 이것은 옳지 않은 일입니다. 죄악입니다.

피조 세계를 보호한다는 것은 하느님 선물을 보호하는 것이고, 하느님께 "저를 피조 세계의 보호자로 삼아주셔서 감사합니다. 저는 당신의 선물을 절대로 파괴하지 않을 것이고 오히려 그 선물이 더욱 풍요로워지도록 돌보겠습니다" 하고 말씀드리는 것과 같습니다. 피조 세계를 보호하는 것, 이것이 바로 피조 세계 앞에서 우리가 취해야 할 태도입니다. 우리가 피조 세계를 파괴하면, 피조 세계도 우리를 파괴할 것입니다! 이 사실을 결코 잊어서는 안 됩니다.

언젠가 시골에 간 적이 있는데, 저는 거기서 어느 소박한 사람을 만났습니다. 그는 들에 핀 꽃을 무척 사랑하고 돌보는 사람이었어요. 그가 이렇게 말하더군요. "하느님이 우리에게 주신 이 아름다운 자연을 우린 정말 잘 보호해야 해요. 자연은 우리를 위해 존재하니까요. 그러니 자연을 유익하게 잘 활용해야 한다는 거죠. 착취하지 말고 보호해야 합니다. '하느님은 언제나 우리를 용서하시고, 인간도 몇 번쯤은 서로 용서하지만, 자연은 절대로 용서하지 않을테니까요. 우리가 자연을 보호하지 않으면, 자연은 우리를 파괴할 것입니다.'"

우리는 이 사실을 분명하게 기억하고 실천해야 합니다. 또한 우리는, 피조 세계가 하느님의 가장 아름다운 선물임을 깨달을 수 있도록 지식의 은혜를 성령께 청해야 합니다. 하느님은 가장 아름다운 피조물인 인간을 위해 다른 아름다운 피조물들을 많이 만들어 주셨습니다.

공경
하느님을 향한 감사와 찬미

이제 성령의 또 다른 은혜인 '공경pietà'의 은혜에 대해 이야기하고자 합니다. 이 은혜는 우리의 정체성과 그리스도인 삶에 직접적인 영향을 주는 것임에도 불구하고 그저 표면적인 차원에서 수도 없이 잘못 이해한 측면이 있습니다.

무엇보다도 이 은혜는 누군가를 불쌍히 여기는 것, 곧 이웃을 동정pietà하는 것과는 거리가 멉니다.[17] 공경은 우리가

17. 이탈리아어 피에타pietà는, 주로 '동정', '불쌍히 여김', '자비'의 뜻으로 사용되지만 '경건',

하느님께 속해있음을 드러내 줍니다. 또한 우리와 하느님의 깊은 관계를 드러내 주는데, 이는 곧 우리 삶에 의미를 부여하고 몹시 힘들고 고통스러운 순간에도 우리를 하느님과의 친교 안에서 굳건하게 하는 관계를 말합니다.

주님과의 이러한 관계는 의무도 아니고 강요도 아닙니다. 이것은 내면에서 이루어지는 관계입니다. '마음으로 실현해야 하는 관계'로서 예수님을 통해 주어진 하느님과 우리의 친교, 삶을 변화시키고 감동과 기쁨으로 가득 채워주는 친교입니다. 그러므로 공경의 은혜는 우리 마음에 감사와 찬미를 불러일으킵니다. 이것이 하느님을 향한 '우리의 예배와 경배의 이유이며 가장 근본적인 의미'입니다. 성령께서 우리에게 주님의 현존과 우리를 위한 그분의 사랑 전체를 감지하게 해주시면, 우리 마음이 뜨거워져 자연스럽게 기도와 찬미를 바치게 됩니다. 그러므로 공경은 다른 말로 고유한 신앙 정신, 하느

'신앙심', '신심'을 의미하기도 한다. 이 말이 성령의 일곱 가지 은사 가운데 하나를 가리킬 때는 하느님의 자녀로서 그분을 향한 '효경' 또는 '공경'을 의미한다. 따라서 이러한 뜻을 염두에 두지 않고 단순히 '피에타'라는 단어만 생각하면 일차적으로 동정이나 자비를 떠올릴 수 있다. 교황님은 여기서 '피에타'라는 단어는 그러한 의미가 아니라 성령의 일곱 가지 은혜 가운데 하나인 '공경'을 뜻한다는 것을 분명히 밝히신다.

님과 그분 자녀 사이의 친교, 마음이 겸손한 이들이 지닌 단순함과 사랑으로 기도할 수 있는 능력이라고 할 수 있습니다.

공경의 은혜는 하느님과의 친교 안에서 우리를 성장하게 하고, 우리가 하느님의 자녀로 살게 하는 동시에 '그 사랑을 다른 이들에게 나누어 주고 그들을 우리의 형제자매로 알아볼 수 있도록' 도와줍니다. 그렇게 되면 우리는 매일 만나는 이들, 그리고 가까이 있는 이들과의 관계에서도 공경심에 따른 행동을 하게 됩니다. 이것은 경건주의적 행동이 아닙니다! 제가 공경은 경건주의적 태도[18]가 아니라고 강조하는 이유는 무엇일까요? 공경의 은혜를 받으면, 눈을 지그시 감고 성인상의 낯빛을 한 채 성인처럼 보이는 행동을 하게 된다고 생각하는 이들이 더러 있기 때문입니다. 이를 두고 흔히 이렇게 말합니다. "고상한 척 하고 있네." 이것은 공경의 은혜가 아닙니다.

18. 경건주의敬虔主義, Pietism는 17세기 말 독일의 개신교에서 가톨릭교회의 '교의와 형식에 치우친 신앙'을 반대하여 내세운 '실천 중심적 개인 신심'을 강조한 신앙운동이다. 그러므로 경건주의적 태도란 엄격하고 금욕주의적인 신앙생활을 통해 경건한 태도를 유지하려는 것을 말한다.

공경의 은혜는 기뻐하는 이와 함께 기뻐하고 슬퍼하는 이와 함께 슬퍼하게 합니다. 홀로 남겨지거나 고통 중에 있는 이들 곁에 머물고 오류에 빠진 이를 올바르게 고쳐줍니다. 또한 공경은 아파하는 이를 위로하고 곤궁에 처한 이를 맞아주고 도와줄 줄 아는 것입니다. 공경의 은혜는 온유함과 아주 밀접한 관계에 있습니다. 성령께서 우리에게 내려주시는 공경의 은혜는 우리를 온유하게 만들어 줄 뿐 아니라 차분하게 하고 인내하며 하느님과 좋은 관계를 유지하고 온유한 마음으로 다른 이들을 섬기게 해줍니다.

사랑하는 여러분, 바오로 사도는 로마서에서 이렇게 선언합니다. "하느님의 영의 인도를 받는 이들은 모두 하느님의 자녀입니다. 여러분은 사람을 다시 두려움에 빠뜨리는 종살이의 영을 받은 것이 아니라, 여러분을 자녀로 삼도록 해주시는 영을 받았습니다. 이 성령의 힘으로 우리가 '아빠! 아버지!' 하고 외치는 것입니다."로마 8,14-15

주님께서 우리에게 성령을 보내시어 우리가 두려움과 의심, 조급하고 불안한 마음을 이겨내게 해주시도록 청합시다. 또한 진실한 마음으로, 그리고 성령께서 베풀어 주시는 온유와 미소로 이웃을 섬김으로써, 우리가 주님을 예배하고 하느님과 그분 사랑을 기쁘게 선포하는 증인이 되게 해주시도록 청합시다. 성령께서 우리 모두에게 이와 같은 공경의 선물을 베풀어 주시기를 바랍니다.

경외
하느님의 사랑에 마음을 열기

성령의 일곱 가지 은혜 가운데 마지막으로 이야기하려고 하는 것은 하느님께 대한 '경외'의 은혜입니다. 하느님께 대한 경외는 두려움을 의미하지 않습니다. 우리는 하느님이 아버지시며 우리를 사랑하고 우리 구원을 바라며 언제나 우리를 용서하신다는 것을 잘 알고 있습니다. 그러니 하느님을 무서워해야 할 이유가 하나도 없습니다! 하느님께 대한 경외는, 우리가 하느님과 그분 사랑 앞에서 참으로 작은 존재라는 것과, 신뢰와 공경의 마음으로 겸손하게 하느님의 손에 우리 자신을 내맡기는 데 우리의 행복이 있다는 것을 기억하게 하시는 성령의 선물입니다. 우리를 지극히 사랑하시는 우리 아버지의 선하심에 자신을 내맡기는 것, 이것이 바로 하느님께 대한 경외입니다.

성령께서 우리 마음속에 거처하실 때, 그분은 위로와 평화를 주시고 우리가 자신을 있는 그대로 보도록, 다시 말해 자신이 작은 존재임을 자각하도록 해주십니다. 또한 성령께서는, 우리가 모든 걱정을 하느님께 맡기고 그분께 희망을 둔 사람답게, 아빠와 함께 있는 어린아이처럼 그분의 사랑과 보살핌으로 살아가는 사람답게 행동하도록 해주십니다. 이것은 복음서에서 예수님이 자주 당부하신 태도입니다. 성령께서 우리 마음속에서 이루어 주시는 것이 바로 이것입니다. 우리 자신이 아빠의 품속에 안긴 어린이와 같은 존재임을 느끼게 해주십니다. 이러한 맥락에서 우리는 하느님께 대한 경외가 그분에 대한 순종과 앎과 찬미의 형태로 표현되며 우리 마음을 희망으로 가득 채워준다는 것을 분명하게 알 수 있습니다. 우리는 하느님의 뜻을 이해하지 못할 때가 많습니다. 또한 우리 스스로 행복과 영원한 생명을 보장할 수 없다는 것을 절

감할 때도 많습니다. 그러나 우리는 우리 자신의 한계와 부족함을 체험하면서 다음과 같은 사실을 깨닫게 됩니다. 성령께서는 우리를 위로하실 뿐 아니라 우리에게 중요한 것은 단 한 가지, 우리를 아버지의 품으로 이끄시도록 예수님께 우리 자신을 맡겨드리는 것임을 깨닫게 해주신다는 사실입니다.

그러므로 성령께서 주시는 경외의 은혜가 우리에게 꼭 필요한 것입니다. 하느님께 대한 경외는, 모든 것이 은총에서 온다는 것을 깨닫게 해줍니다. 우리의 참된 힘이 오직 주 예수님을 따르는 데 있다는 것, 아버지께서 우리에게 당신의 호의와 자비를 충만히 베풀어 주시도록 그분께 우리 자신을 내맡기는 데 있다는 것을 깨닫게 해줍니다. 따라서 우리는 하느님의 호의와 자비를 얻기 위해 마음을 열어야 합니다. 이처럼 마음을 열게 하는 것, 이것이 하느님께 대한 경외의 선물을 통해 성령께서 이루시는 일입니다. 아버지의 끝없는 사랑을 받는 자녀들인 우리는 그분의 용서, 자비, 호의, 애정을 받기 위해 마음을 열어야 합니다.

우리 마음이 하느님께 대한 경외로 가득 찰 때, 우리는 겸손하고 온순하며 순종하는 마음으로 주님을 따를 수 있습니다. 이것은 수동적이거나 체념하는 태도가 아니라, 자신이 아버지께 사랑과 보호를 받는다는 것을 깨달은 자녀가 경탄과 기쁨으로 취하는 태도입니다. 그러므로 하느님께 대한 경외는 우리를 소심하고 맹종하는 그리스도인이 되게 하는 것이 아니라 우리 마음에 용기와 힘을 불어넣어 줍니다. 하느님께 대한 경외는 우리를, 주님에 대한 두려움 때문이 아니라 그분의 사랑에 사로잡히고 감동했기 때문에 그분께 순종하는 열정적이고 확신에 찬 그리스도인으로 만들어 주는 선물입니다. 하느님의 사랑에 사로잡히는 것! 참으로 아름다운 일입니다. 그러므로 우리를 지극히 사랑하시는 분, 온 마음을 다해 우리를 사랑하시는 아버지의 사랑에 우리 자신을 온전히 내맡깁시다.

다른 한편으로 우리는 하느님께 대한 경외의 선물이 죄에서 벗어나기를 거부하는 완고함에 대한 '경고' 역할도 한다는 사실에 주목해야 합니다. 어떤 사람이 악을 일삼는다면, 하느님을 모독한다면, 다른 이들을 착취하고 억압한다면, 오로지 돈이나 권력을 위해 또는 우월감이나 허영심을 채우기 위해 산다면, 하느님께 대한 경외는 "주의하라!" 하고 경고합니다.

"이 모든 권력으로도, 이 모든 돈으로도, 너의 우월감을 다 모아도, 너의 허영심을 다 합쳐도 너는 결코 행복할 수 없다" 하고 경고하는 것입니다. 저세상으로 떠날 때 돈, 권력, 우월감, 허영심 가운데 어느 것 하나라도 가져갈 수 있는 사람은 아무도 없습니다. 아무것도 가져갈 수 없습니다! 우리가 저세상까지 가져갈 수 있는 것은 오직 하나, 하느님 아버지께서 우리에게 주신 사랑, 다시 말해 우리가 기꺼이 받아들인 하느님의 자애뿐입니다. 같은 맥락에서 우리가 다른 이들에게 베푼 사랑도 가져갈 수 있습니다. 그러므로 돈, 우월감, 권력, 허영심에 희망을 두지 않도록 주의해야 합니다. 이 모든 것은 우리에게 좋은 것을 전혀 보장해 주지 못하기 때문입니다! 예를 들어, 다른 이들을 돌볼 책임이 있는 사람들이 타락의 길을 걷는 경우가 있습니다. 여러분은, 타락한 사람이 저세상에서 행복할 수 있다고 생각하나요? 그 사람이 타락으로 맺은 모든 열매가 그의 마음을 타락하게 만듭니다. 그는 주님께 나아가기 어려울 것입니다. 인간을 거래대상으로 삼고 노예처럼 부려먹는 이들도 있습니다. 인간을 돈벌이 대상으로 삼는 이들, 중노동을 시키면서 인간을 착취하는 이들, 여러분은 이러한 부류의 사람들이 마음속에 하느님의 사랑을 품고 있다고 생각하나요? 그럴 수 없습니다. 그들은 하느님도 경외하지 않고 행복도 모릅니다. 그들에게는 하느님께 대한 경외와 행복이 없습니다. 전쟁을 조장하기 위해 무기를 생산하는 이들도 있습니다. 여러분, 그들이 하는 일이 과연 어떤 것인지 생각해 보십시오. 제가 지금 이 자리에서 "여러분 가운데 무기 생산자는 몇 명이나 있나요?" 하고 물으면, 단 한 사람도, 아무도 없을 것이라고 확신합니다. 무기 생산자들은 하느님의 말씀을 들으러 오지 않으니까요! 그들은 죽음을 생산하는 자들이며 죽음의 장사꾼들이고 죽음의 시장을 만드는 자들입니다. 하느님께 대한 경외가, 언젠가는 모든 것이 끝나고 하느님 앞에서 셈을 밝혀야만 할 때가 온다는 것을 그들이 깨닫게 해주시기를 바랍니다.

4 걷기와 관련된 증언들

전해 받은 신앙을 전하기

하느님의 사랑에 마음을 열고 그분의 음성을 듣고 그분의 빛을 받아들인 사람은 이 선물을 자신만을 위해 간직할 수 없습니다. 신앙은 듣고 보는 것이기 때문에 말과 빛처럼 전해집니다. 바오로 사도는 코린토 신자들에게 이 신앙에 대해 이야기하면서 다음 두 가지 심상을 활용했습니다. 먼저 그는 이렇게 말합니다. "'나는 믿었다. 그러므로 말하였다'고 성경에 기록되어 있습니다. 이와 똑같은 믿음의 영을 우리도 지니고 있으므로 '우리는 믿습니다. 그러므로 말합니다.'" 2코린 4,13

전해 받은 말씀은 응답, 곧 신앙고백이 되고, 같은 방식으로 다른 이들에게도 전달되어 그들을 신앙으로 초대합니다.

또한 성 바오로는 빛에 대해서도 말합니다. “우리는 모두 너울을 벗은 얼굴로 주님의 영광을 거울로 보듯 어렴풋이 바라보면서, 더욱더 영광스럽게 그분과 같은 모습으로 바뀌어 갑니다. 하느님께서 우리 마음을 비추시어, 예수 그리스도의 얼굴에 나타난 하느님의 영광을 알아보는 빛을 주셨습니다.” 2코린 3,18; 4,6 이것은 모세가 하느님과 대화를 나눈 다음, 그분의 영광을, 반사하는 빛을 얼굴에 간직하고 다닌 것처럼 얼굴에서 얼굴로 반사되는 빛입니다. 거울에 반사되듯 예수님의 빛은 그리스도인들의 얼굴을 환하게 비춥니다. 그렇게 예수님의 빛은 널리 퍼져나가고 우리에게까지 도달합니다. 그리하여 우리도 그 빛을 볼 수 있게 되고, 파스카 전례 때 부활초의 불꽃이 다른 많은 초를 밝히듯, 그 빛을 다른 이들에게 반사할 수 있게 됩니다. 말하자면 하나의 불꽃으로 다른 불꽃을 피워내듯이 신앙도 접촉을 통해 한 사람에서 다른 사람으로 전해집니다. 그렇게 마음이 가난한 그리스도인들은, 큰 나무로 자라나 세상을 가득 채울 만큼의 열매를 낼 수 있는 값진 씨앗을 심습니다.

세상 곳곳에서 모든 사람을 비추는 신앙은 시간의 축을 통해서도 세대에서 세대로 전해집니다. 신앙은 역사 안에서 이루어지는 만남을 통해 생겨나고 시간 속에서 이루어지는 우리의 여정을 비추기 때문에 모든 시대에 전해져야 합니다. 예수님의 얼굴은 끊임없이 이어지는 증언의 고리를 통해 우리에게 전해졌습니다. 어떻게 이것이 가능할까요? 지나온 수세기를 뛰어넘어 '진짜 예수님'께 나아갈 수 있다는 것을 어떻게 확신할 수 있을까요? 인간이 홀로 고립된 존재라면, 우리가 지식에 대한 확실성을 자기 자신 안에서 찾고자 개별적 존재인 '나'에서 출발한다면, 그러한 확신은 불가능합니다. 나보다 훨씬 이전 시대에 일어난 일을 내 힘으로 볼 수는 없습니다. 여하튼 이런 방식은 인간이 지식을 얻기 위한 유일한 길이 아닙니다. 인간은 언제나 관계 속에서 살아갑니다. 인간은 다른 이들에게서 나오고 다른 이들에게 속합니다.[19] 인간의 삶은

19. 누구도 자기 스스로 이 세상에 태어난 사람은 없다. 모두가 다른 이들, 곧 부모를 통해 생명을 얻었다. 따라서 인간은 태어날 때부터 관계 속에 있는 존재다. 또한 관계 속에서 인간은 누군가 다른 이 또는 다른 이들에게 속한 삶을 산다.

다른 이들과의 만남을 통해 더욱 풍요로워집니다. 자신의 고유한 지식, 다시 말해 자신에 대한 자의식도 관계적인 것이며 우리를 앞서간 다른 이들과 연결되어 있습니다. 그 가운데 첫째는 우리에게 생명과 이름을 주신 부모입니다. 우리가 삶과 현실을 설명하는 데 사용하는 말인 언어 자체도 다른 이들을 통해 우리에게 전해진 것이며 다른 이들의 생생한 기억 속에 저장되었던 것입니다. 자신에 대한 지식은 나와 관련된 사람들과의 폭넓은 기억을 공유할 때만 얻어집니다. 인간의 이해 방식이 완전해지도록 이끌어 주는 신앙도 마찬가지입니다. 신앙의 과거사건, 곧 세상에 새 생명을 탄생시킨 예수님 사랑의 행위는 다른 이들, 곧 증인들의 기억을 통해 우리에게 전해졌으며, 이 기억의 유일한 주체인 교회 안에 생생하게 보존되어 있습니다. 교회는 우리에게 신앙의 언어를 말할 수 있도록 가르쳐 주는 어머니입니다. 성 요한은 자신의 복음서에서 신앙과 기억을 하나로 묶고, 이 두 가지를 성령의 활동과 연결하면서 교회의 역할을 강조했습니다. 성령께서는 "내가 너희에게 말한 모든 것을 기억하게 해주실 것이다"요한 14,26라고 하신 예수님의 말씀을 실현하십니다. 교회 안에 머무시는 성령은 사랑이십니다. 이 사랑이 모든 시대를 하나로 결합하고, 우리를 예수님과 동시대인이 되게 해주며, 우리의 신앙 여정을 이끌어 줍니다.

혼자서 믿는 것은 불가능한 일입니다. 신앙은 믿는 이의 내면에서 이루어지는 개별적인 선택이 아니며, 믿는 존재인 '나'와 신적 존재인 '당신' 사이, 곧 독립적 주체와 하느님 사이의 사적인 관계도 아닙니다. 신앙은 본질적으로 '우리'를 향해 열려있으며 언제나 교회의 친교 안에서 생겨납니다. 세례성사에서 대화 형태로 고백하는 신경信經은 이러한 사실을 기억하게 해줍니다. 신앙은 초대에 대한 응답으로 표현됩니다. 다시 말해 나에게서 나오지 않은 말씀, 반드시 들어야 하는 그 말씀에 대한 응답으로 표현됩니다. 따라서 신앙고백은 대화 형태로 이루어지며 이 고백은 사적인 것일 수 없습니다. 물론 "저는 믿습니다" 하고 일인칭으로 응답할 수 있지만, 이것은 고백하는 사람 자신이 교회의 큰 친교에 참여하고 있을 때만, 곧 "우리는 믿습니다" 하고 말할 수 있을 때만 가능합니다. 교회라는 '우리'에 대한 개방성은 하느님 사랑에 대한 개방성에서 생겨납니다. 하느님의 사랑은 성부와 성자 사이의 관계

또는 '나'와 '당신' 사이의 관계일 뿐 아니라 성령 안에서 이루어지는 '우리', 곧 사람들 사이의 친교 관계이기도 합니다. 이것이 바로 믿는 이가 결코 혼자일 수 없는 이유이고, 신앙이 퍼져나가려 하고 다른 이들을 기쁨으로 초대하려는 이유입니다. 신앙을 받아들인 사람은 '나'라는 자신의 공간이 넓어지고 삶을 풍요롭게 해주는 새로운 관계들이 생기는 것을 발견하게 됩니다. 테르툴리아노는 예비신자에 대해 이야기하면서 이 점을 매우 효과적으로 표현했습니다. 그에 따르면 예비신자는 '새로 태어나기 위해 씻겨진 이후' 새로운 가정에 받아들여지듯 어머니의 집에 받아들여져서 형제들과 함께 손을 들어 주님의 기도를 바치게 됩니다.

복음을 드러내 보여주기

신앙을 전하는 것과 관련하여 세 가지 중요한 요소인 '증언의 우위성', '만남을 위해 서둘러 나아가야 할 필요성', 그리고 '본질에 중점을 둔 사목적 계획'에 대해 생각해 보고자 합니다.

신앙을 전하려면 무엇보다 먼저 '우리의 생생한 증언'이 필요합니다. 이 시대에는 신앙에 무관심한 사람들을 자주 볼 수 있습니다. 신앙이 인간 삶에서 더 이상 중요한 자리를 차지하지 않는다는 생각 때문입니다.

새 복음화는 우리 동시대 사람들의 마음과 정신 속에 신앙 생활을 일깨우는 것을 의미합니다. 신앙은 하느님의 선물이지만, 이를 전하기 위해서는 우리 그리스도인이 사랑과 일치, 기쁨과 슬픔을 함께 나누면서 구체적인 삶으로 신앙을 드러내 보이는 것이 중요합니다. 이런 삶은 교회가 시작될 때도 그랬던 것처럼 사람들에게 여러 가지 질문을 던집니다. 그리스도인들은 왜 저렇게 살까? 그리스도인들이 저런 삶을 살게 하는 원동력은 무엇일까? 이것은 신앙과 사랑의 증언인 복음화로 이끌어 주는 질문들입니다. 그러므로 우리는 이 시대에 삶과 증언으로 복음을 증거하는 사람들이 되어 하느님의 아름다우심과 예수 그리스도에 대한 사람들의 관심을 불러일으켜야 합니다.

많은 사람이 교회에서 멀리 떨어져 있습니다. 이러한 현실이 어느 한쪽의 잘못 때문이라고 단정하는 것은 그릇된 것이며, 누구의 탓인지를 가려서 해결될 문제가 아닙니다. 이에 대한 책임은 일차적으로 교회와 그 안에 속한 이들의 역사에서, 그리고 몇몇 관념과 일부 개인에게서 찾아볼 수 있습니다. 우리는 교회의 자녀로서 무익하고 해로운 것들, 곧 교회에 쓸모없이 무거운 짐을 지우고 교회의 얼굴을 상하게 만드는 속되고 거짓된 확신들을 벗어버리고 제2차 바티칸공의회의 여정을 계속 이어가야 합니다.

오늘날 사람들에게는 하느님의 자비, 곧 모든 피조물을 향한 그분의 사랑을 드러낼 수 있는 그리스도인들이 필요합니다. 오늘날 인류에게 깃든 위기는 표면적인 것이 아니라 실로 내적으로 심각한 것임을 우리 모두가 알고 있습니다. 그러므로 새 복음화는 그릇된 시대의 조류를 거슬러 나아가기 위해 용기를 내고, 참되고 유일하신 하느님을 향하기 위해 우상에게서 돌아서도록 동시대 사람들을 초대해야 합니다. 이를 위해서는 반드시 하느님 자비의 언어를 사용해야 하는데, 이 언어는 말보다는 먼저 행동과 태도로 표현되어야 합니다. 오늘날 인류 한가운데서 교회는 이렇게 선포합니다. '지치고 고통 중에 신음하는 여러분 모두 예수님께 나아가십시오. 여러분의 영혼을 위한 안식처를 발견할 것입니다.'마태 11,28-30 여러분, 예수님께 나아가십시오. 오직 그분만이 영원한 생명의 말씀을 가지고 계십니다.

옛 교부들이 말한 것처럼, 세례를 받은 사람은 누구나

'크리스토포로cristoforo',[20] 다시 말해 그리스도를 모셔다 드리는 사람입니다. 그리스도를 만난 사람은 우물가에서 그분을 만난 사마리아 여인처럼, 이 체험을 자신 안에만 간직할 수 없습니다. 그리스도를 만난 사람은 예수님을 다른 이들에게 모셔다 드리기 위해 자신의 체험을 다른 이들과 나누고 싶은 열망을 느끼게 됩니다.요한 4장 그러므로 우리 모두는 우리를 만나는 이들이 우리의 삶에서 신앙의 열정을 느낄 수 있는지, 우리의 얼굴에서 예수님을 만난 기쁨을 찾아볼 수 있는지 자문해야 합니다.

신앙을 전하기 위해 필요한 둘째 요소는 만남, 곧 '다른 이들을 만나러 나가는 것'입니다. 새 복음화는 신앙과 삶의 본질적 의미를 잃어버린 이들을 향한 새로운 움직임입니다. 이와 같은 역동적 움직임은 본래 세상에 생명을, 곧 인류에게 아버지의 사랑을 가져다주기 위한 그리스도의 위대한 사명에

---

20. 이 이탈리아식 이름은 본래 그리스말 이름 '크리스토포로스Χριστοφορος'에서 유래했다. 크리스토포로스는 그리스도를 뜻하는 명칭 '크리스토스Χριστός'와 '가져가다, 옮기다, 데려가다' 등의 뜻을 지닌 동사 '페로φέρω'의 합성어로서, 글자 그대로 풀이하면 '그리스도를 모셔가는 사람'을 의미한다. 영어로는 크리스토퍼Christopher라고 한다.

속한 것입니다. 하느님의 아드님은 우리를 만나러 오기 위해 당신의 신적 세계에서 '나오셨습니다'. 교회는 이러한 움직임의 한가운데 자리하고 있으며 모든 그리스도인은 다른 이들을 만나러 나가도록, 곧 신앙에 대해 우리와 다른 생각을 가진 이들이나 다른 신앙을 가진 이들, 신앙이 없는 이들과 대화를 나누도록 부르심을 받았습니다. 우리는 모든 이가 하느님의 모상으로, 그분의 닮은꼴로 창조된 존재임을 깨닫도록 모든 이를 만나러 가야 합니다. 우리는 아무 두려움 없이 우리에게 속한 것을 포기하지 않고도 모든 이를 만나러 갈 수 있습니다.

생명에 대한 희망과 하느님의 사랑에서 배제된 사람은 아무도 없습니다. 교회는 세상 곳곳에, 특히 삶을 힘겹게 만들고 때로는 비인간적이기까지 한 환경 때문에 희망의 숨이 막히는 곳에, 곧 희망이 숨 쉬지 못하고 질식하는 곳에 생명에 대한 희망을 일깨우도록 파견되었습니다. 우리 마음속에 희망의 불꽃을 다시 타오르게 하려면 복음의 산소, 곧 부활하신 예수님이 보내주신 성령의 숨이 필요합니다. 교회는 모든 이가 환대를 받고 사랑과 희망을 숨 쉬게 할 뿐 아니라, 우리가 그 사랑과 희망을 전하기 위해 밖으로 나갈 수 있도록 언제나 문을 활짝 열어놓은 집입니다. 성령께서는 우리가 자신을 위해 쳐놓은 울타리를 열고 밖으로 나가도록 우리를 부추기고 우리가 인류의 가장 변두리까지 이를 수 있도록 우리를 이끄십니다.

그런데 이 모든 것은 교회에서 우연히 즉흥적으로 이루어지는 일이 아닙니다. 본질을 상기시키고 '예수 그리스도께 확실하게 중점을 둔' 사목적 계획을 위한 공동의 책임과 노력이 반드시 필요합니다. 이것이 신앙을 전하기 위해 필요한 셋째 요소입니다. 수많은 부차적이고 표면적인 것들에 관심과 노력을 분산하지 말고 가장 근본적인 현실, 곧 그리스도와의 만남, 그분의 자비와의 만남, 그분의 사랑과의 만남에, 그리고 그분이 우리를 사랑하신 것처럼 형제들을 사랑하는 데 전념해야 합니다.

경배도 그리스도와의 만남입니다. 사실 '그리스도를 경배하다'라는 표현은 자주 사용하지 않는 말입니다. 여하튼 그리스도를 경배하는 것은, 움츠러들지 않고 용기를 내어 새로운 길을 달려가도록 우리를 부추기는 성령의 창의력과 넘치는 사고력에 의해 고무되는 일입니다. 우리는 이렇게 자문할 수 있습니다. 우리 교구와 본당들에서 이루어지는 사목은 어떠한가? 본질, 곧 예수 그리스도를 드러내 보여주는가? 성령께서 선물하시는 조화 속에서 우리는 서로 다른 다양한 체험과 특성이 어우러진 여정을 계속하고 있는가? 아니면 우리가 하는 사목은 산발적이고 단편적이어서 결국 각자 저마다의 길을 떠나게 만드는가?

이러한 맥락에서 저는 복음화의 과정인 '교리교육의 중요성'을 강조하는 바입니다. 이것은 교황 바오로 6세가 교황 권고 「현대의 복음 선교」*Evangelii Nuntiandi* 44항에서 이미 강조하신 것입니다. 이 권고에서 복음과 우리 시대의 문화, 그리고 문맹 사이의 괴리감을 극복하기 위한 쇄신의 길이 신앙의 방식으로 제시되면서 교리교육의 도약이 이루어졌습니다. 저는 예전에 사목 현장에서 겪은 일을 여러 기회에 이야기했습니다. 그것은 바로 십자성호를 그을 줄도 모르는 어린이들을 만난 체험이었습니다. 지금 우리가 살고 있는 곳에서 겪을 수 있는 현실입니다. 교리교사들의 활동은 새 복음화를 위해 매우 값진 봉사입니다. 부모는 어린이들을 위한 첫째 교리교사,

다시 말해 자신의 가정에서 말과 삶의 증언을 통해 신앙을 전해주는 첫째 교육자입니다. 이것은 아주 중요한 사실임을 잊지 마십시오!

그리스도의 가난으로 부유하게 된 우리

사순 시기를 맞이하여 저는 개인과 공동체의 회개 여정에 도움이 되는 몇 가지 생각을 여러분에게 말씀드리고자 합니다. 저의 생각은 성 바오로의 말씀에서 영감을 얻은 것입니다. "여러분은 우리 주 예수 그리스도의 은총을 알고 있습니다. 그분께서는 부유하시면서도 여러분을 위하여 가난하게 되시어, 여러분이 그 가난으로 부유하게 되도록 하셨습니다."2코린 8,9 바오로 사도는 곤궁한 상태에 있는 예루살렘 신자들을 아낌없이 도와주도록 코린토의 그리스도인들을 독려

하는 말씀을 전하고 있습니다. 성 바오로의 말씀은 오늘날의 그리스도인들인 우리에게 어떤 의미가 있을까요? 가난으로의 초대, 곧 복음 정신에 입각한 가난한 삶을 살라는 바오로 사도의 초대는 오늘날 우리에게 어떤 의미가 있을까요?

바오로 사도의 말씀은 무엇보다도 하느님의 방식이 어떤 것인지를 보여줍니다. 하느님은 세상의 권세와 부유함이 아니라 약함과 가난을 수단으로 삼아 당신을 드러내십니다. "그분께서는 부유하시면서도 여러분을 위하여 가난하게 되시어…."2코린 8,9 하느님의 영원하신 아드님으로 아버지와 똑같은 권능과 영광을 지니신 그리스도께서 가난하게 되셨습니다. 그분은 우리 가운데 내려오시어 우리 한 사람 한 사람의 곁에 머무십니다. 또한 그분은 당신 자신을 '비우시어' 모든 면에서 우리와 같아지셨습니다.필리 2,7; 히브 4,15 하느님의 아드님이 사람이 되신 것은 놀라운 신비입니다. 이 모든 것은 하느님의 사랑 때문에 가능했습니다. 하느님의 사랑은 은총이며 너그러움이고 우리와 가까워지려는 그분의 열망입니다. 하느님의 사랑은 당신이 사랑하시는 피조물을 위해 당신 자신을 선물하고 희생하는 데 주저함이 없습니다. 자애, 곧 사랑은 사랑하는 이의 운명을 온전히 함께 나누는 것입니다. 사랑은 모든 것을 같아지게 하고 평등하게 만들고 간격과 장벽을 무너뜨립니다. 이것이 바로 하느님이 우리에게 해주신 일입니다. 실제로 예수님은 '인간의 손으로 일하고 인간의 지성으로 생각하고 인간의 의지로 행동하고 인간의 마음으로 사랑하셨습니다. 동정 마리아에게서 태어나시어 참으로 우리 가운데 한 사람이 되셨으며, 죄 말고는 모든 것에서 우리와 같아지셨습니다.'〈기쁨과 희망〉 22항

예수님이 가난하게 되신 목적은 가난 그 자체에 있지 않고, 성 바오로의 말씀처럼 '여러분이 그 가난으로 부유하게 되도록' 하려는 데 있습니다. 이것은 말장난이나 구호가 아닙니다. 이 말씀은 하느님의 논리, 다시 말해 사랑의 논리, 육화와 십자가의 논리를 집약하고 있습니다. 하느님은, 너그러운 표정을 한 경건주의자가 넘쳐나는 자기 재산의 일부를 적선하듯, 하늘에서 우리 머리 위로 구원을 떨어뜨려 주시지 않습니다. 이것은 그리스도의 사랑이 아닙니다. 예수님이 요르단 강으로 내려가 세례자 요한에게 세례를 받으신 것은 참회, 곧 회개가 필요해서가 아니었습니다. 예수님은 용서가 필요한 우리

죄인들 가운데 함께하시고 우리의 죄를 당신이 짊어지기 위해 그렇게 하신 것입니다. 이것이 바로 예수님이 우리를 위로하고 구원하기 위해, 우리를 빈곤에서 해방시키기 위해 선택하신 길입니다. 우리는 그리스도의 부유함이 아니라 '그분의 가난으로' 해방되었다는 바오로 사도의 말씀은 큰 감명을 줍니다. 다른 한편으로 성 바오로는 "만물의 상속자"히브 1,2이신 "그리스도의 헤아릴 수 없는 풍요"에페 3,8에 대해서도 잘 알고 있었습니다.

그렇다면 우리를 해방시키고 부유하게 하신 예수님의 가난은 도대체 무엇이란 말입니까? 그것은 우리를 사랑하시는 예수님의 방식입니다. 초주검이 된 채 길가에 버려진 사람에게 다가간 착한 사마리아 사람처럼루카 10,25-37 우리 곁으로 다가와 이웃이 되어주신 것 자체가 예수님의 가난입니다. 우리에게 참된 자유와 참된 구원과 참된 행복을 주는 것은 예수님의 사랑, 곧 연민과 자비와 연대입니다. 그리스도의 육화는 우리를 부유하게 해주는 그분의 가난입니다. 우리의 나약함과 죄를 당신이 몸소 짊어지고 하느님의 무한한 자비를 우리에게 전해주신 것 자체가 그리스도의 가난입니다. 그리스도의 가난은 가장 큰 부유함입니다. 예수님의 부유함은 하느님 아버지께 무한한 신뢰를 지니고 매 순간 아버지께 당신 자신을 의탁하셨으며 언제나 오직 아버지의 뜻과 그분의 영광을 추구하셨다는 데 있습니다. 예수님은 자신이 부모에게 사랑받고 있음을 느끼고 단 한 순간도 부모의 사랑과 너그러움을 의심하지 않는 어린이처럼 부유하신 분입니다. 예수님의 부유함은 하느님의 아드님이라는 데 있으며, 아버지와 그분 사이의 유일무이한 관계는 가난한 메시아로서 그분이 지닌 최고의 특권입니다. 예수님이 우리에게 당신의 '편안한 멍에'를 메라고 하시는 것은, 당신의 '부유한 가난'과 '가난한 부유'로 우리 자신을 부유하게 하라고 초대하시는 것입니다. 또한 아버지의 자녀가 되고 서로 형제가 되게 하는 당신의 영을 함께 나누라고, 곧 아드님이신 당신 안에서 아버지의 자녀가 되고 형제들 가운데 맏이이신 당신 안에서 서로 형제가 되라고 초대하시는 것입니다.로마 8,29

'단 한 가지 진정한 슬픔은 성인이 되지 못하는 것'이라는 레옹 블루아의 말이 생각납니다. 비슷한 맥락에서 우리는, '단 한 가지 진정한 빈곤은 하느님의 아들이자 그리스도의 형제로 살지 못하는 것'이라고 말할 수 있겠습니다.

그런데 이 가난의 '길'은 예수께서 선택하신 길이고, 그분의 뒤에 온 우리는 우리 나름으로 인간에게 적합한 방법을 통해 세상을 구원할 수 있다고 생각할 수도 있습니다. 하지만 전혀 그렇지 않습니다. 어느 시대, 어느 장소든 하느님은 '그리스도의 가난을 통해' 계속해서 인류와 세상을 구원하십니다. 그리스도는 성사와 말씀 안에서, 그리고 가난한 이들의 백성인 당신 교회 안에서 가난하게 되십니다. 하느님의 부유함은 우리의 부유함을 통해 전해질 수 없으며 언제나 그리스도의 영에 의해 고무된 우리의 개인적이고 공동체적인 가난을 통해서만 전해집니다.

그리스도인들은 우리의 스승 그리스도를 본받아 형제들의 빈곤을 살피고 돌보며 그 빈곤을 우리 것으로 삼고 그 짐을 덜어주기 위해 구체적인 활동을 하라고 부르심을 받았습니다. '빈곤'은 '가난'과 동일한 것이 아닙니다. 빈곤은 신뢰와 연대와 희망이 없는 가난입니다. 우리는 빈곤을 물질적 빈곤, 윤리적 빈곤, 영적 빈곤으로 구분할 수 있습니다. '물질적 빈곤'은 일반적으로 '가난'이라고 부르는 것이며, 인간의 존엄성이 결여된 조건에서 사는 이들이 직면한 문제입니다. 다시 말하자면 음식과 물, 위생 문제, 일자리, 문화적 성장과 발전의 가능성 등 가장 기본적인 조건도 갖춰지지 않은 상태에서 인간의 기본권마저 유린당하는 상태가 물질적 빈곤입니다. 이러한 빈곤에 맞서 교회는 '디아코니아diakonia', 곧 봉사를 통해 필요한 것을 채우고 인류의 얼굴을 망가뜨리는 상처를 치유합니다. 우리는 가난한 이들과 가장 낮은 자리에 있는 이들에게서 그리스도의 얼굴을 봅니다. 가난한 이들을 사랑하고 도와줌으로써 그리스도를 사랑하고 그분을 섬깁니다. 더 나아가 우리의 활동은 빈곤의 근원이 되고 인간의 존엄성을 해치는 폭력과 차별과 권력남용이 이 세상에서 종식되도록 하는 방향으로 나아가야 합니다. 권력과 사치와 돈이 우상이 되면, 부의 공평한 분배가 절실한 상황에서도 그것들이 전면에 등장하게 됩니다. 그러므로 우리의 양심은 언제나 정의와 평등, 절제와 나눔을 지향해야 합니다.

인간을 악습과 죄의 노예로 만드는 '윤리적 빈곤'은 물질적 빈곤만큼이나 염려스러운 것입니다. 얼마나 많은 가정이 알코올과 마약, 도박과 음란물에 중독된 가족 때문에, 특히 그런 자녀 때문에 고통을 겪고 있습니까! 얼마나 많은 사람이 삶의 의미를 잃고 미래에 대한 전망도 없이 희망을 잃은 채 살고 있습니까! 얼마나 많은 사람이 불의한 사회적 환경이나 가족의 생계를 책임지는 가장의 존엄성을 떨어뜨리는 실업과, 교육과 의료혜택에 대한 불평등으로 윤리적 빈곤에서 벗어나지 못하고 있습니까! 이러한 경우에 윤리적 빈곤은 예기치 않은 자살로 이어질 수도 있습니다. 경제적 몰락의 원인으로도 작용하는 이러한 형태의 빈곤은 언제나 '영적 빈곤'으로 이어집니다. 영적 빈곤은, 우리가 하느님에게서 멀어지고 그분의 사랑을 거부할 때 직면하는 것입니다. 우리가 스스로 모든 것을 해낼 수 있다고 자부하면서 그리스도를 통해 우리에게 손을 내미시는 하느님이 필요 없다고 생각할 때, 우리는 몰락의 길을 걷게 됩니다. 하느님은 우리를 구원하고 해방할 수 있는 유일한 분이십니다.

복음은 영적 빈곤을 극복하기 위한 진정한 해결책입니다. 그리스도인은 어디서든지 이 해방의 소식을 선포하도록 부르심 받았습니다. 해방의 소식은 악행에 대한 용서를 선포하고, 하느님은 우리 죄보다 훨씬 크신 분이며 언제나 조건 없이 우리를 사랑하시는 분임을 선포하며, 우리는 친교와 영원한 생명을 누리도록 창조되었음을 선포하는 것입니다. 주님은 자비와 희망을 담은 이 메시지를 전하는 기쁜 선포자가 되라고 우리를 초대하십니다. 상처 입은 마음을 위로하고 어둠에 갇힌 많은 형제자매에게 희망을 주기 위해 이 기쁜 소식을 선포하는 기쁨, 곧 우리에게 맡겨진 보물을 함께 나누는 기쁨을 체험하는 것은 참으로 아름다운 일입니다. 이것은 잃어버린 양을 찾아 나서는 참된 목자로서 가난한 이들과 죄인들을 향해 나아가시고 충만한 사랑을 가지고 우리를 찾아오신 예수님을 본받고 뒤따르는 일입니다. 예수님과 하나 된 우리는 용기를 내어 복음화와 인류 발전을 위한 새로운 길을 열 수 있습니다.

사랑하는 형제자매 여러분, 이 사순 시기에 교회 전체가 물질적, 윤리적, 영적 빈곤 속에 살고 있는 모든 이에게 복음의 메시지를 전하기 위해 힘을 내고 모든 준비를 갖추길 바랍니다. 복음의 메시지를 전하는 것은 그리스도를 통하여 모든 사람을 끌어안아 주실 준비가 되신 자비로운 아버지의 사랑을 선포하는 일입니다. 우리가, 가난하게 되어 그 가난으로 우리를 부유하게 하신 그리스도를 닮는다면 충분히 그 일을 해낼 수 있습니다. 사순 시기는 불필요한 것들을 벗어버리기에 적합한 때입니다. 우리의 가난으로 다른 이들을 도와주고 부유하게 해주기 위해 우리가 버려야 할 것들이 무엇인지 자문하는 것은 좋은 일입니다. 참된 가난은 아픔을 수반한다는 것을 잊지 맙시다. 이러한 차원의 참회 없이는 진정한 벗어버림을 실천할 수 없습니다. 저는 희생과 아픔이 없는 자선은 신뢰하지 않습니다.

우리는 성령에 힘입어 "가난한 자같이 보이지만 실은 많은 사람을 부유하게 합니다. 아무것도 가지지 않은 자같이 보이지만 실은 모든 것을 소유하고 있습니다."2코린 6,10 그러므로 성령께서 우리의 의지를 더욱 견고하게 해주시고, 인간의 빈곤에 대해 더욱 관심을 갖고 책임을 느껴 우리가 자비로운 사람이 되고 자비의 일꾼이 되게 해주시기를 바랍니다.

참 행복의 혁명적인 힘

참 행복에 대한 복음 말씀을 읽고 묵상하는 것은 언제나 우리에게 유익한 일입니다. 예수님은 갈릴래아 호숫가에서 행하신 첫 번째 설교에서 참 행복을 선포하셨습니다. 많은 군중이 모이자 예수님은 당신 제자들을 가르치기 위해 산으로 오르셨습니다. 그래서 이것을 '산상설교'라고 부릅니다.

성경에서 산은 하느님이 당신을 계시하시는 장소로 여겨졌습니다. 같은 맥락에서 예수님은 산에서 설교하면서 당신을 거룩한 스승, 새로운 모세로 드러내셨습니다. 그곳에서 예수님은 무엇을 가르치셨나요? 생명의 길, 곧 당신 자신이 걸으신 길을 가르치셨습니다. 아니, 더 정확히 말하면, '당신 자신이 그 길이심'을 드러내 주셨습니다. 그 길을 '참 행복의 길'로 제시하셨지요. 예수님은 베들레헴에서 태어나 십자가에서 돌아가시고 부활하실 때까지 일생 동안 참 행복을 구현하셨습니다. 하느님 나라에 대한 모든 약속이 그분을 통해 실현되었습니다.

예수님은 참 행복을 선언하시면서 우리에게 그 가르침을 따르라고, 영원한 생명으로 이끄는 단 하나의 길, 곧 사랑의 길을 당신과 함께 걷자고 초대하십니다. 이것은 결코 쉬운 길이 아닙니다. 하지만 주님은 당신 은총을 보장하셨고 결코 우리를 홀로 내버려두지 않으십니다. 가난과 고통, 굴욕과 정의를 위한 싸움, 날마다 회개의 삶을 살아야 하는 어려움, 거룩하게 되라는 초대에 응답하기 위한 투쟁과 박해, 그리고 다른 많은 도전이 우리의 길에 산재해 있습니다. 하지만 우리가 예수님께 문을 열고 그분이 우리 역사 안으로 들어오시게 해드린다면, 우리가 그분과 함께 기쁨과 슬픔을 나눈다면, 우리는 무한한 사랑이신 하느님만이 주실 수 있는 평화와 기쁨을 체험하게 될 것입니다.

예수님이 가르쳐 주신 참 행복은 세상 사람들의 지배적인 사고를 대변하는 '대중매체'에서 이야기하는 것과는 전혀 다릅니다. 세속적인 관점에서는 하느님이 인간이 되셨다는 것은 허무맹랑한 것이며, 더욱이 십자가에서 돌아가셨다는 것은 추문에 불과합니다. 예수님이 행복하다고 선언한 사람들은 세상의 논리로 보면 '낙오자들'이고 무력한 이들입니다. 세상에서는 어떤 대가를 치르고서라도 이루어낸 성공과 번영, 자만할 만한 권력과 다른 이들을 희생해서까지 관철시킨 자기주장이 칭송을 받습니다. 그러나 예수님은 당신이 제안하신 삶에 응답하라고, 참된 기쁨에 이르기 위해 어떤 길로 달려갈지 결정하라고 우리를 재촉하십니다. 이것은 우리 신앙의 큰 도전입니다. 예수님은 당신의 제자들에게 진정 당신을 따르고 싶은지, 아니면 다른 길을 가고 싶은지를 서슴없이 물으셨습니다.요한 6,67 시몬 베드로는 이렇게 대답할 수 있는 용기가 있었습니다. "주님, 저희가 누구에게 가겠습니까? 주님께는 영원한 생명의 말씀이 있습니다."6,68 여러분도 예수님께 "예!"라고 대답할 줄 안다면, 여러분의 젊은 인생은 의미 가득할 것이고 풍요로워질 것입니다.

그렇다면 '행복하여라그리스어로 makarioi'는 무슨 뜻일까요? '행복하여라'는 '기쁘고 복되어라'는 뜻입니다. 여러분은 정말로 행복을 바라나요? 행복에 대한 수많은 허상이 유혹하는 이 시대에, 우리는 작은 것으로 만족하고[21] 인생에 대해서 '폭 좁은' 사고를 할 위험이 있습니다. 하지만 여러분은 큰 것을 꿈꾸십시오! 여러분의 마음을 넓게 펼치십시오! 피에르조르조 프라사티Piergiorgio Frassati, 1901–1925 복자는 이렇게 말했습니다. "신앙 없이 사는 것, 지켜야 할 유산 없이 사는 것, 끊임없는 투쟁 속에서 진리를 지켜내지 못하고 사는 것, 이것은 사는 것이 아니라 연명하는 것입니다. 우리는 연명해서는 안 되고 진정으로 살아야 합니다."1925년 2월 27일 보니니에게 보내는 편지에서 1990년 5월 20일, 피에르조르조 프라사티의 시복식 날, 교황 요한 바오로 2세는 그를 '참 행복의 사람'이라고 부르셨습니다.시복식 미사 강론: 「사도좌 관보」AAS 82[1990], 1518

●

21. 작은 것에서도 만족을 얻고 행복할 줄 안다는 뜻이 아니라 참 행복과 비교할 수 없는 비본질적이고 부차적이며 아주 미소한 것으로 만족하는 데 그친다는 뜻이다. 그러한 작은 것들이 마치 참 행복이나 되는 것처럼 포장된 채 사람들을 매혹하기 때문이다.

여러분이 진정으로 마음 깊은 곳에 있는 열망을 일깨운다면, 행복에 대한 채워지지 않는 욕구가 여러분 자신 안에 있다는 것을 깨닫게 될 것입니다. 이 간절한 바람이 여러분 주위에 있는 수많은 '값싼' 제안들의 정체를 올바로 알아보게 하고 거절할 수 있게 해줄 것입니다. 우리가 이기적 방식으로 성공과 쾌락과 소유만을 추구하고 그것들을 우상으로 삼는다면 우리는 의미 없이 헛된 만족에 빠질 수도 있습니다. 결국 그것들의 노예가 되고 결코 만족할 줄 모르고 더욱 크고 많은 것만 끊임없이 추구하게 될 것입니다. '만족할 만큼 충분히' 소유하고 있으면서도 허약한 청춘을 보는 것은 아주 슬픈 일입니다.

성 요한은 젊은이들에게 다음과 같이 말했습니다. '여러분은 강하고 하느님의 말씀이 여러분 안에 머물러 여러분은 악한 자를 이겼습니다.'1요한 2,14 그리스도를 선택한 젊은이들은 강하며 그분의 말씀을 양식으로 삼고 다른 것들로 '배를 채우지' 않습니다. 여러분, 세속의 풍조를 거스를 수 있는 용기를 지니십시오! 참된 행복을 얻기 위해 용기를 내십시오! 지나가는 것과 피상적인 것을 추구하는 문화, 그리고 폐기의 문화를 향해 “아니요!”라고 말하십시오! 그런 문화는 여러분에게 책임 있는 행동을 불가능하게 하고 삶의 큰 도전에 맞서지 못하게 만듭니다.

"행복하여라,
마음이 가난한 사람들!"

첫째 '참 행복'은 마음이 가난한 사람들은 행복하다고 선언합니다. 하늘나라가 그들의 것이기 때문입니다. 수많은 사람이 경제적 어려움 때문에 고통을 겪는 시절에는 가난과 행복을 연결하는 것이 적절치 않은 듯합니다. 그렇다면 어떤 의미에서 가난을 축복으로 받아들일 수 있을까요?

먼저 '마음이 가난한 사람들'이라는 말이 무슨 뜻인지 따져봐야겠습니다. 사람이 되신 하느님의 아드님은 가난의 길, 곧 벗어버림의 길을 선택하셨습니다. 이와 관련하여 성 바오로는 필리피서에서 다음과 같이 말했습니다. "그리스도 예수님께서 지니셨던 바로 그 마음을 여러분 안에 간직하십시오. 그분께서는 하느님의 모습을 지니셨지만 하느님과 같음을 당연한 것으로 여기지 않으시고 오히려 당신 자신을 비우시어 종의 모습을 취하시고 사람들과 같이 되셨습니다."필리 2,5-7 예수님은 자신의 영광을 벗어버린 하느님이십니다. 여기서 우리는 하느님이 가난을 선택하셨음을 알 수 있습니다. 그분은 부유하셨지만 당신의 가난으로 우리를 부유하게 하시려고 가난하게 되셨습니다.2코린 8,9 이것은 우리가 여물통에 누워계신 하느님을 보면서 구유를 통해, 그리고 비움의 정점인 십자가를 통해 묵상하는 신비입니다.

'가난한'이라는 뜻을 지닌 그리스어 형용사 '프토코스ptochós'는 물질적인 가난만 의미하는 단어는 아니지만 기본적으로는 '걸식하는 사람'을 가리킵니다. 이 단어는 '주님의 가난한 이들'을 가리키는 아람어 '아나빔anawim'의 개념과 연결되어 있습니다. 아나빔의 개념은 겸손, 곧 자신의 한계나 가난한 실존을 아는 것입니다. 아나빔은 주님을 신뢰하고 그분께 자신을 내맡깁니다.

아기 예수의 성녀 데레사가 정확히 알고 있던 것처럼, 예수님은 육화를 통해 당신 자신을 걸인, 다시 말해 사랑을 찾는 가난한 사람으로 드러내셨습니다. 「가톨릭 교회 교리서」에서 인간은 "하느님께 비는 걸인"2559항 이고, "기도는 하느님의 목마름과 우리의 목마름 사이의 만남"2560항 이라고 표현했습니다.

아시시의 성 프란치스코는 마음이 가난한 이들이 누리는 참 행복의 비밀을 아주 정확히 이해했습니다. 예수님이 나병 환자의 모습으로, 또 십자가에 못 박히신 모습으로 나타나 말씀하셨을 때, 성 프란치스코는 하느님의 위대하심과 자기 자신의 비천한 상태를 깨달았습니다. 이 가련한 형제는 기도 중에 주님께 다음과 같이 물으면서 몇 시간을 보냈다고 합니다. "당신은 누구십니까? 저는 누구입니까?" 그는 '가난이라는 부인'과 혼인하기 위해, 예수님을 본받고 복음을 글자 그대로 따르기 위해 부유하고 안락한 삶을 벗어버렸습니다. 프란치스코는 '가난한 그리스도를 본받고 가난한 이들을 사랑하는 삶'을 살았습니다. 그에게 가난한 그리스도를 본받는 것과 가난한 이들을 사랑하는 것은 동전의 양면처럼 나눌 수 없는 것이었습니다.

그렇다면 여러분은 저에게 이렇게 묻고 싶을 것입니다. "어떻게 해야 '마음의 가난'이 우리 삶의 방식이 되고 우리 실존에 구체적으로 녹아들 수 있을까요?" 이에 대해 저는 여러분에게 세 가지 요점으로 대답하고 싶습니다.

첫째, 무엇보다도 '물질에서 자유로운 상태'를 유지하도록 노력하십시오. 주님께서는 '절제'라는 복음적 삶의 방식을 따르고 소비의 문화에 굴복하지 말라고 우리를 초대하십니다. 이것은 본질적인 것을 추구하는 삶, 곧 우리를 숨 막히게 하는 표면적이고 무익한 것들을 모두 벗어버리는 삶입니다. 소유에 대한 욕망과, 우상처럼 떠받들면서 허비하는 돈에서 벗어납시다. 예수님을 첫째 자리에 모십시다. 그분은 우리를 노예로 만드는 우상들에게서 우리를 해방하실 수 있습니다. 사랑하는 여러분, 하느님을 신뢰하십시오! 그분은 우리를 알고 계시고 우리를 사랑하시며 결코 잊지 않으십니다. 들에 핀 나리꽃들을 돌보시듯마태 6,28 우리에게 부족한 것이 없게 해주실 것입니다. 경제적 위기를 극복하기 위해서도 삶의 방식을 바꾸고 절제 없는 낭비를 피해야 합니다. 행복을 위한 용기가 필요하듯이 절제를 위한 용기도 필요합니다.

둘째, 마음의 가난에서 오는 참 행복을 누리기 위해서는 '가난한 이들과 관련된 변화'가 우리 모두에게 필요합니다. 우리는 가난한 이들을 돌봐야 하고 그들의 영적이고 물질적인 필요에 민감해야 합니다. 저는 연대를 인류 문화의 중심에 다시 자리 잡게 하는 과제를 특별히 젊은이 여러분에게 맡깁니다. 실업과 이민, 수많은 중독을 비롯한 여러 형태의 가난에 맞서, 우리는 무관심하려는 유혹을 떨쳐내고 깨어 의식 있는 상태를 유지해야 합니다. 자신이 사랑받지 못한다고 느끼는 이들, 미래에 대한 희망이 없는 이들, 용기를 잃고 절망하여 두려움에 사로잡혀 아무렇게나 살고 싶어 하는 이들에게도 관심을 가져야 합니다. 우리는 가난한 이들과 함께하는 법을 배워야 합니다. 가난한 이들에 대해 듣기 좋은 말만 해서는 안 됩니다. 그들을 만나고 그들의 눈을 바라보고 그들에게 귀 기울입시다. 그들은 우리가 그리스도를 직접 만날 수 있게 해주고 그분의 고통스러운 몸을 만질 수 있는 구체적인 기회를 제공합니다.

가난한 이들은 우리에게 무언가를 받기만 하는 사람들이 아닙니다. 그들도 '우리에게 베풀 수 있는 것과 가르쳐 줄 수 있는 것을 많이 가지고 있습니다.' 이것이 바로 마음이 가난한 삶과 관련된 셋째 요소입니다. 우리가 가난한 이들의 지혜에서 배워야 할 것이 참으로 많습니다. 18세기의 성 베네딕토 요셉 라브르Benedetto Giuseppe Labre를 떠올려 보십시오. 그는 로마에서 노숙하고, 사람들이 적선하는 것으로 생활하면서도 귀족들과 고위성직자들을 포함하여 수많은 사람의 영적 조언자가 되었습니다. 어떤 의미로는 가난한 이들이 우리의 스승 역할을 합니다. 그들은 우리에게 사람의 가치는 얼마나 많이 소유했는지, 은행 계좌에 얼마나 많은 돈이 들어있는지에 따라 좌우되는 것이 아님을 가르쳐 줍니다. 물질적 재산이 없는 사람, 곧 가난한 사람은 언제나 자신의 존엄성을 간직하고 있습니다. 가난한 이들은 우리에게 겸손과 하느님에 대한 신뢰에 대해서도 많은 것을 가르쳐 줍니다. 바리사이와 세리의 비유루카 18,9-14에서 예수님은 세리를 본보기로 제시하십니다. 세리는 겸손하고 자신이 죄인임을 인정했기 때문입니다. 성전 봉헌함에 동전 두 닢을 넣은 과부 또한 소유한 것이 적거나 아무것도 가진 것이 없으면서도 모든 것을 선물할 줄 아는 관대한 사람의 본보기입니다.21,1-4

“하늘나라가 그들의 것이다”

예수님이 선포하신 복음의 중심 주제는 ‘하느님 나라’입니다. 예수님 자신이 바로 하느님 나라이고 임마누엘, 곧 우리와 함께하시는 하느님입니다. 하느님의 나라, 하느님의 다스리심이 자리 잡고 성장하는 곳은 인간의 마음속입니다. 하느님 나라는 선물인 동시에 약속입니다. 그 나라는 예수님을 통하여 이미 우리에게 주어졌지만 장차 완성되어야 할 대상입니다. 그러므로 우리는 날마다 아버지께 “당신의 나라가 임하소서!”라고 기도합니다.

가난과 복음화 사이에는 깊은 관련이 있습니다. 마찬가지로 '너희는 가서 모든 민족을 제자로 삼아라!'마태 28,19라는 말씀과 "행복하여라, 마음이 가난한 사람들! 하늘나라가 그들의 것이다"5,3라는 말씀 사이에도 깊은 관련이 있습니다. 주님은 가난한 이들에게 복음을 선포하는 가난한 교회를 원하십니다. 예수님은 열두 제자를 파견하면서 말씀하셨습니다. "전대에 금도 은도 구리돈도 지니지 마라. 여행 보따리도 여벌옷도 신발도 지팡이도 지니지 마라. 일꾼이 자기 먹을 것을 받는 것은 당연하다."10,9-10 복음적 가난은 하느님 나라가 퍼져 나가기 위한 기본 조건입니다. 제가 지금까지 살아오면서 목격한 가장 아름답고 자연스러운 기쁨은 움켜쥘 것이 적은 가난한 사람들의 기쁨입니다. 우리 시대의 복음화는 기쁨의 전파를 통해서만 가능할 것입니다.

앞에서 살펴본 것처럼, 마음이 가난한 이들의 참 행복은 하느님과 우리의 관계, 물질적 재산과 우리의 관계, 가난한 이들과 우리의 관계가 나아가야 할 방향을 제시해 줍니다. 예수님의 본보기와 말씀을 통해 우리는 참으로 회개가 필요하다는 것을 깨닫습니다. 또한 '더 많이 소유해야 한다'는 논리보다는 '더 나은 존재가 되어야 한다'는 논리가 지배하도록 해야 한다는 것도 깨닫습니다. 참 행복의 깊은 의미를 이해하도록 우리를 잘 도와줄 수 있는 이들이 바로 성인들입니다.

이런 맥락에서 많은 이가 1984년 부활 대축일에 요한 바오로 2세가 하신 말씀을 기억하고 있습니다. "사랑하는 여러분, 그리스도의 십자가를 여러분에게 맡깁니다. 인류를 위한 주 예수님의 사랑의 상징인 십자가를 세상 곳곳에 가져가십시오. 그리고 모든 이에게 오직 죽고 부활하신 그리스도께 우리의 구원과 속량이 있다는 것을 선포하십시오."

사랑하는 여러분, '마니피캇Magnificat', 곧 마음이 가난한 마리아의 노래는 참 행복을 사는 이의 노래이기도 합니다. 복음의 기쁨은, 모든 세대가 '복된 여인'루카 1,48이라고 부르는 동정 마리아의 마음처럼, 하느님의 위업을 보고 놀라워하고 찬미할 줄 아는 가난한 마음에서 솟아납니다. 가난한 이들의 어머니이며 새 복음화의 별이신 성모님이, 우리가 복음의 삶을 살고 우리 인생에서 참 행복을 구현하고 행복을 위한 용기를 간직할 수 있도록 도와주시기를 빕니다.

만남의 문화

오늘날 우리는 점점 더 '작아지는' 세상에 살고 있습니다. 이런 세상에서는 서로 이웃이 되기가 더 쉬워 보입니다. 이동수단과 통신기술의 발전으로 우리는 서로 가까이 지낼 수 있고 점점 더 긴밀히 연결됩니다. 세계화는 우리를 상호의존적인 존재로 만들어 줍니다. 그럼에도 인류 안에는 여전히 분열이 계속되고 있고 어떤 때에는 극심해지기도 합니다. 세계적으로 살펴보면 최상위 부자들의 사치와 최하위 가난한 이들의 빈곤 사이에는 아주 충격적인 차이가 있음을 알 수 있습

니다. 도시의 거리로 나가기만 하면, 길에서 생활하는 이들과 상점들의 휘황찬란한 불빛 사이의 대조되는 모습을 쉽게 볼 수 있습니다. 하지만 이 모든 현실은 우리에게 익숙해져서 더 이상 충격을 주지도 않습니다. 세상은 수많은 형태의 배척과 소외와 가난 때문에, 더 나아가 경제적, 정치적, 이념적 원인은 물론이고 유감스럽게도 종교적 원인까지 뒤얽힌 분쟁 때문에 고통을 겪고 있습니다.

이러한 세상에서 '대중매체'는 우리가 서로를 더욱 가까이 느끼도록 도와줄 수 있습니다. 또한 더 존엄한 삶을 위해 진지한 노력을 하고 연대를 강화하도록 우리를 부추기는 인류 가족의 일치 안에 담긴 새로운 의미를 파악하도록 도와줄 수 있습니다. 원만한 의사소통은 우리가 더욱 가까워지고 서로를 더 잘 이해하며 더욱더 일치하도록 도와줄 수 있습니다. 우리가 서로에게 귀를 기울이고 서로에게 배울 준비가 되어있을 때에만 비로소 우리를 분열시키는 장벽을 극복할 수 있습니다. 우리가 서로를 이해하고 존중하면서 성장할 수 있게 해주는 여러 형태의 대화를 통해 상호 간의 차이를 극복할 필요가 있습니다. 만남의 문화는 우리가 내어주는 것뿐 아니라 다른 이들로부터 받아들이는 것에도 익숙해질 것을 요구합니다. 이와 관련하여 특별히 의사소통 관계망이 최고로 발달한 오늘날 '대중매체'는 우리에게 많은 도움을 줄 수 있습니다. 특히 인터넷은 우리 모두에게 만남과 연대를 위해 엄청난 가능성을 제공합니다. 이것은 참으로 좋은 일이며 하느님의 선물입니다.

그런데 이러한 대중매체에는 문제점도 있습니다. 정보 전달의 속도가 우리의 사고와 판단의 능력보다 빨라서 신중하고 올바른 자기표현이 어렵습니다. 다양하게 표현된 의견은 풍요로움으로 인식할 수 있지만, 우리의 기대와 사상 또는 정치·경제적 차원의 특정한 이익에만 부합하는 정보 영역에 갇힐 가능성도 있습니다. 의사소통의 환경은 우리가 성장할 수 있게 도와줄 수도 있지만, 정반대로 방향을 잃게 만들 수도 있습니다. 디지털 만남에 대한 선호와 만족은 우리의 이웃, 곧 가장 가까운 이들과 갖는 관계를 단절시킬 수 있습니다. 그러므로 여러 가지 이유에서 사회적 '대중매체'에 접근하지 못하는 이들이 소외될 위험에 처해있다는 사실을 잊어서는 안 됩니다.

이러한 문제들이 실제로 일어난다고 해서 사회적 '대중매체'를 거부하는 것은 옳지 않습니다. 이 문제들은 결과적으로 의사소통이 과학기술 차원보다는 인간적 차원의 성과라는 것을 우리에게 상기시켜 줍니다. 그렇다면 디지털 환경에서 우리의 인간성과 상호적 이해를 증진시키는 데 도움을 주는 것은 무엇일까요? 예를 들어 '느림'과 '평온'의 분명한 의미를 되찾는 것입니다. 이것은 듣기 위해 침묵할 줄 아는 능력과 시간이 필요한 일입니다. 또한 우리와 다른 이들을 이해하고 싶다면 인내심도 지녀야 합니다. 사람은 다른 이가 자신을 단순히 참아주는 것이 아니라 진심으로 받아줄 때, 자기 자신을 완전히 드러냅니다. 우리가 정말로 다른 이들에게 귀를 기울일 때, 다른 시각으로도 세상을 바라볼 수 있고 다양한 문화와 전통 안에서 표현되는 사람들의 경험을 존중할 수 있을 것입니다. 또한 우리는 그리스도교에서 영감을 받은 위대한 가치들, 예를 들어 인격에 대한 시각, 혼인과 가정, 종교와 정치 영역에 대한 구분, 연대와 보완의 원리 등을 더 존중할 줄 알게 될 것입니다.

그렇다면 어떻게 의사소통이 진정한 만남의 문화에 도움

이 될까요? 주님의 제자인 우리에게 복음에 입각하여 사람을 만난다는 것은 무엇을 의미할까요? 우리에게 큰 한계와 죄가 있음에도 우리가 서로 가까워지는 것이 어떻게 가능할까요? 이런 물음들은 어느 날 한 율법 교사가, 곧 의사 전달자 communicator가 예수님께 제기한 질문으로 요약할 수 있습니다. "그러면 누가 저의 이웃입니까?"루카 10,29 이 물음은 우리가 의사소통을 '이웃 되기'[22]라는 표현을 통해 이해할 수 있게 도와줍니다. 이러한 관점에서 우리는 율법 교사의 물음을 오늘날에 맞추어 재해석할 수 있습니다. "디지털 기술로 마련된 새로운 환경에서 의사소통의 수단들을 통해 '이웃이 되기' 위해서는 어떻게 해야 할까요?" 저는 의사소통에 대한 비유이기도 한, 착한 사마리아 사람의 비유에서 그 해답을 찾을 수 있습니다. 사실 의사소통을 하는 이는 이웃이 되어주는

22. 이에 해당하는 이탈리아어는 '프로시미타prossimità'이다. 이것은 '공간적으로 가까이 있는 상태'를 가리키는 말이다. 따라서 우리말로는 '가까이 있음' 또는 '가까움'이라고 표현할 수도 있다. 교황님은 의사소통이 서로 가까이 다가가게 하고 이웃이 되게 하는 힘이 있다고 말씀하신다. 같은 맥락에서 의사소통을 한다는 것은 단순히 서로의 생각을 전달하는 것이 아니라 '이웃이 되어주는 것', 곧 내가 다른 사람 편에서 진심으로 그의 말을 들어주고 그를 수용한다는 뜻이다.

사람입니다. 착한 사마리아 사람은 초주검 상태로 길가에 버려진 사람에게 이웃이 되어주었을 뿐 아니라 그에 대한 책임도 기꺼이 짊어집니다. 예수님은 우리의 생각을 바꾸어 주십니다. 곧 이웃이 된다는 것은 다른 이를 나와 비슷한 사람으로 알아보는 것이 아니라 내가 다른 이와 비슷하게 되는 능력입니다. 마찬가지로 의사소통을 한다는 것은 서로가 인간이며 하느님의 자녀임을 인식한다는 뜻입니다. 저는 기꺼이 의사소통의 힘을 '이웃이 되기'라고 정의하고 싶습니다.

의사소통의 주된 목적이 소비를 촉진하거나 사람들을 이용하는 데 있다면, 착한 사마리아 사람의 비유에서 볼 수 있듯이 우리는 강도들에게 매를 맞고 길거리에 버려진 사람이 당한 것과 같은 폭력적인 공격에 직면하게 됩니다. 레위인과 사제는 쓰러진 사람을 이웃이라기보다는 거리를 두어야 할 이방인으로 여겼습니다. 그 당시 그들의 선택에 영향을 준 것은 정결례 규정이었습니다. 오늘날 우리는 진짜 이웃을 외면하게 만들 정도로 우리에게 영향을 주는 몇몇 대중매체의 위험에 노출되어 있습니다.

디지털 '통로'를 오랫동안 이용하는 것, 다시 말해 단순히 디지털 환경에 접속하는 것만으로는 충분하지 않습니다. 접속은 진짜 만남과 병행되어야 합니다. 우리는 혼자서, 곧 자신 안에 갇혀 살 수 없습니다. 우리는 서로 사랑하고 사랑받아야 합니다. 우리에게는 애정이 필요합니다. 다양한 소통 전략이 의사소통의 아름다움과 선함, 진리를 보장해 주지는 못합니다. '대중매체' 세상도 인간성을 지키고 증진하는 일에 나서야 하고 애정을 표현해야 합니다. 디지털망은 통신선들로 구성된 망이 아니라 인격적인 사람들이 서로 연결된 관계망이고 인간성이 넘치는 공간일 수 있습니다. 대중매체의 중립성은 표면적인 것에 지나지 않습니다. 자기 자신을 있는 그대로 드러내면서 의사소통을 하는 사람만이 올바른 기준점을 제시할 수 있습니다. 인격적인 참여 자체가 의사소통을 하는 사람의 신뢰성을 보장해 줍니다. 바로 이러한 맥락에서 그리스도인의 증언은 디지털망에 힘입어 삶의 변두리까지 이를 수 있습니다.

저는, 길거리로 나가서 사고를 당한 교회와 자신 안에 갇혀 병든 교회 중에서 두말할 것 없이 첫째 교회를 선호한다는 것을 자주 이야기했습니다. 여기서 길거리는 사람들이 살고 있는 세상, 우리가 마음만 먹으면 실제로, 정서적으로 다가갈 수 있는 세상을 가리킵니다. 사람들이 넘쳐나는 디지털 세상도 그러한 길거리 가운데 하나입니다. 그곳에서는 특히 상처받은 사람들, 곧 구원이나 희망을 찾아 헤매는 남자와 여자들을 많이 만날 수 있습니다. 디지털망을 통해서도 그리스도교의 메시지는 "땅끝에 이르기까지"사도 1,8 이를 수 있습니다. 교회의 문을 연다는 것은 디지털 세상에서도 문을 연다는 뜻입니다. 이것은 어떤 삶의 환경에서든지 사람들이 쉽게 교회 안으로 들어오게 하기 위해서뿐 아니라 복음이 성전의 문턱을 넘어 모든 이를 만나러 나아갈 수 있게 하기 위한 것이기도 합니다. 우리는 교회가 모든 이의 집이라는 사실을 증거하도록 부르심을 받았습니다. 그렇다면 우리가 의사소통으로 그러한 교회의 모습을 전할 수 있을까요? 의사소통은 교회 전체의 선교사명을 실천하기에 적합한 방법입니다. 오늘날 다양한 사회적 관계망은 이 선교사명, 곧 사람들이 신앙의 아름다움, 그리스도와의 만남이 지닌 아름다움을 재발견하게 하는 사명을 실천하는 자리입니다. 의사소통의 분야에서도 사랑의 열기를 전하는 교회, 마음에 불을 붙이는 교회가 필요합니다.

그리스도인의 증언은 사람들에게 종교적 메시지를 쏟아붓는 방식이 아니라 다른 이들에게 자기 자신을 기꺼이 내어주는 방식으로 이루어집니다. 이를 위해 우리는 “인내심을 가지고 존중하면서 사람들의 질문과 의심을 진지하게 함께 고민하고 진리와 인간 실존의 의미를 찾는 여정에 동참해야 합니다.”베네딕토 16세, 2013년 제47차 홍보주일 담화문 엠마오를 향해 가던 제자들의 이야기를 떠올려 봅시다. 우리가 오늘날 사람들의 바람과 의심과 희망을 이해하고 그들에게 복음, 곧 사람이 되신 하느님이며 우리를 죄와 죽음에서 해방하기 위해 죽고 부활하신 예수 그리스도를 전해주기 위해서는 그들과 대화를 나눌 줄 알아야 합니다. 그러기 위해서 우리는 삶에 대한 깊이 있는 앎과 관심과 영적 감각을 지녀야 합니다. 대화한다는 것은 다른 이에게 들을 만한 좋은 것이 있음을 확신하고 그의 관점과 의견을 받아들인다는 뜻입니다. 대화한다는 것은 고유한 생각과 전통을 포기한다는 뜻이 아니라 그것만이 유일하고 절대적이라는 주장을 포기한다는 뜻입니다.

폭행을 당해 쓰러진 사람의 상처에 올리브기름과 포도주

를 붓고 싸매준 착한 사마리아 사람의 모습이 우리의 길잡이가 되기를 바랍니다. 우리의 의사소통이 고통을 치유하는 향기로운 올리브기름이 되고 기쁨을 주는 좋은 포도주가 되기를 바랍니다. 우리가 비추는 빛은 멋진 포장이나 특수 효과에서 나오는 것이 아닙니다. 그 빛은 삶의 여정에서 상처를 입은 사람을 만났을 때, 사랑과 자비로 그들의 이웃이 되어주는 우리의 행동에서 발산되는 것입니다.

여러분, 디지털 세상의 시민이 되는 것을 두려워하지 마십시오! 오늘날의 사람들과 대화를 나누고 그들을 그리스도와 만나게 하기 위해서는 교회가 의사소통의 세상에 관심을 가지고 그 안에 머무는 것이 중요합니다. 함께 걷는 교회라면 모든 이의 여정에 동참할 줄 알아야 합니다. 이러한 맥락에서 의사소통 수단과 정보 기술의 혁명은 몹시 놀랍고도 큰 도전입니다. 이 도전에 응하려면 다른 이들에게 하느님의 아름다움을 전해주기 위한 생생한 힘과 새로운 상상력이 필요합니다.

5 함께 걷기

자비의 때

"예수님께서는 모든 고을과 마을을 두루 다니시면서, 회당에서 가르치시고 하늘나라의 복음을 선포하시며, 병자와 허약한 이들을 모두 고쳐주셨다. 그분은 군중을 보시고 가엾은 마음이 드셨다. 그들이 목자 없는 양들처럼 시달리며 기가 꺾여있었기 때문이다."마태 9,35-36 마태오복음서가 전하는 이 말씀은 모든 고을과 마을을 두루 걷고 계신 예수님을 향해 우리의 시선을 돌리게 합니다. 우리는 여기서 한 가지 흥미로운 사실을 발견할 수 있습니다. 예수님이 가장 빈번하게 지나신 곳, 가장 편하게 머무신 곳은 어디일까요? 그것은 바로 길거리입니다. 예수님은 언제나 길거리에 계셨기에 집 없이 떠도는 사람처럼 보였을 수도 있습니다. 예수님의 삶은 길거리에서 펼쳐졌습니다. 예수님은 무엇보다도 당신 마음의 깊이를 이해하라고, 다시 말해 군중과, 당신이 만나는 사람들에게 보여주신 것이 무엇인지 깨달으라고 우리를 초대하십니다. 그것은 바로 '연민'이라는 내적 움직임입니다. 예수님은 군중이 '목자 없는 양들처럼 시달리며 기가 꺾여있는 모습을 보시고는' 마태 9,36 그들에게 연민을 느끼셨습니다. 우리는 이 말씀을 수도 없이 들으면서도 마음속에 힘차게 파고드는 것을 느끼지 못할 수도 있습니다. 하지만 이 말씀은 힘을 지녔습니다! 오늘날 여러분이 사는 지역의 길거리에서 마주칠 수 있는 수많은 사람 가운데 일부도 이 말씀에 등장하는 가엾은 군중에 속합니다. 그리고 우리의 시야와 지평을 넓히면, 예수님이 두루 다니신 도시와 마을은 세상 전체라고 할 수 있습니다. 같은 맥락에서, 지친 군중은 여전히 어려운 상황에서 고통을 겪고 있는 수많은 나라의 백성들입니다.

우리가 지금 이 자리에 와있는 것은 이 시기의 모든 교회를 향해 말씀하시는 성령의 목소리를 듣기 위해서입니다. 이 시기는 그야말로 자비의 때입니다. 저는 이것을 확신할 수 있습니다. 이 시기는 사순 시기일 뿐 아니라 자비의 때이기도 합니다. 우리는 삼십 년, 아니 그 이전부터 지금까지 계속해서 자비의 때에 살고 있습니다.

이것은 성 요한 바오로 2세가 직관한 사실입니다. 교황님은 이 시대가 자비의 때임을 '직감'했습니다. 그분이 집전하신 파우스티나 코발스카 수녀[23]의 시복식과 시성식을 떠올려 봅시다. 그 후 교황님은 하느님의 자비 주일을 제정하셨습니다. 이처럼 조금씩 당신의 생각을 구체화하고 실천하셨습니다.

요한 바오로 2세는 2000년에 거행된 시성식 강론에서, 파우스티나 수녀에게 전달된 예수 그리스도의 메시지가 두 차

23. 폴란드 출신 파우스티나 수녀(Faustina Kowalska, 1905–1938)는 환시를 체험하고 사적 계시를 받아 전하는 은사를 받았다. 그는 특별히 하느님의 자비에 대한 환시와 메시지를 많이 받고 그 자비를 세상에 전하는 사명을 받았다. 그가 체험한 환시 가운데 으뜸은 1931년 2월 22일에 받은 것으로, 예수님이 왼손을 당신 성심에 대신 채 오른손으로 강복하시는 모습이었다. 예수님의 성심에서는 붉은 색과 흰 색으로 두 갈래의 빛이 나왔다. 이 환시에서 예수님은 당신의 성심을 공경하는 신심을 사람들에게 전파하라는 사명을 주셨다. 이 신심을 '하느님의 자비'에 대한 신심이라고 한다. 요한 바오로 2세는 2000년 4월 30일 '하느님 자비의 사도'라고 알려진 파우스티나 수녀를 시성하면서 성녀가 평생을 강조한 '하느님 자비'를 기려야 한다고 강조했다.

례의 세계 전쟁 사이에 자리 잡고 있으며 20세기의 역사와 아주 밀접한 관련이 있다는 것을 강조하셨습니다. 그분은 미래를 내다보면서 이렇게 말했습니다. "우리 앞에 놓인 시간들은 우리에게 무엇을 가져다줄까요? 이 지상에서 인간의 미래는 어떻게 전개될까요? 우리는 그것을 전혀 알 수 없습니다. 하지만 분명한 것은, 새로운 발전이 있을 것이지만 불행하게도 그에 비례하는 고통스러운 체험도 뒤따를 것이라는 사실입니다. 그럼에도 파우스티나 수녀가 받은 은사를 통해 주님께서 세상에 다시 전해주고자 하신 하느님 자비의 빛은 삼천년기의 인류 여정을 비추어 줄 것입니다." 의미가 아주 분명한 말씀입니다. 이처럼 교황님은 하느님의 자비에 대한 당신의 생각을 2000년에 드러내셨지만, 그것은 오랫동안 그분 마음속에서 무르익은 것이었습니다. 그분은 기도를 통해 우리 시대가 하느님 자비의 때임을 직관했습니다.

오늘날 우리는 많은 것을 너무 쉽게 잊어버립니다. 교회의 가르침까지도 그렇게 쉽게 잊어버립니다! 잊는 것은 피할 수 없는 일이지만, 우리는 그 가르침에 담긴 중요한 내용, 직감적으로 이해한 신앙의 메시지, 그리고 하느님의 백성에게 맡겨진 귀중한 유산을 잊어서는 안 됩니다. 하느님의 자비에 대한 가르침도 그러한 유산 가운데 하나입니다. 이 유산은 위에서 온 것으로서 하느님이 우리에게 주신 것입니다. 교회의 봉사자들인 우리는 하느님의 자비에 대한 메시지를 생생하게 간직해야 합니다. 무엇보다도 설교와 행동을 통해, 그리고 삶에서 표징을 보여주고 사목적인 선택을 함으로써, 예를 들어, 고해성사를 최우선적으로 선택하는 동시에 자비를 실천하는 삶을 통해 하느님 자비의 메시지를 전해야 합니다. 화해한다는 것은 고해성사를 통해, 그리고 자비로운 말과 행동으로 서로 평화를 회복하는 것입니다.

이제 우리는 사제에게 자비가 무엇을 의미하는지 자문해야 합니다. 저는 우리 사제들을 위해 이야기하고 싶습니다. 우리들을 위해, 우리 모두를 위해서 말입니다! 목자 없는 양들처럼 시달리고 기가 꺾인 군중을 보신 예수님이 그러셨듯이 사제들도 양들 앞에서 마음이 움직입니다. 예수님은 하느님의 '속마음'을 지니셨습니다. 이사야는 하느님의 속마음에 대해 수없이 이야기했습니다. 그에 따르면 하느님은 사람들, 특히 버림받은 이들, 곧 죄인들과 돌보아 주는 이가 아무도 없는 병자들을 향해 한없는 자비를 보이는 분입니다. 마찬가지로 착한 목자이신 예수님을 따르는 사제는 자신이 책임진 교우들 가까이 머무는 자비와 연민의 사람이고 모든 이를 섬기는 사람입니다. 제가 계속해서 강조하고 싶은 사목적 기준은 바로 '가까이 있기'입니다. 이웃이 되어주기와 섬김, 그중에서도 더 중요한 것은 이웃이 되어주기, 곧 가까이 있기입니다. 이유를 막론하고 삶에서 상처를 입은 사람이 있다면 누구든 상관없이 관심을 가져야 하고 그의 말을 들어주어야 합니다. 특히 사제는 고해성사를 거행할 때 자비의 마음을 드러냅니다. 사제는 받아주고 들어주며 조언해 주고 용서해 주는 등 자신의 모든 행동을 통해 하느님 자비의 속마음을 드러내 줍니다. 그러기 위해 사제는 먼저 자신이 성사의 삶을 살아야 하고 고해성사를 통해 하느님 아버지께 안겨야 하며 그 품 안에 머물러야 합니다. 진실한 마음으로 이러한 삶을 사는 사제는 직무 수행을 통해 다른 이들에게 자비의 마음을 전해 줄 수 있습니다. 그렇다면 이제 여러분에게 묻고 싶습니다. 어떻게 고해성사를 봐야 하나요? 주님의 품에 안기려면 어떻게 해야 하나요? 지금 제 머릿속에는 부에노스아이레스의 위대한 사제 한 분이 떠오릅니다. 그분은 저보다 나이가 조금 적은데, 아마 72세 정도 되었을 것입니다. 한번은 그분이 저를 찾아왔습니다. 그분은 고해성사의 대가였기에 그분에게 고해성사를 보기 위해 언제나 사람들이 줄을 섰습니다. 대부분의 사제들도 그분에게 고해성사를 보러 갔습니다. 그러한 분이 저를 찾아온 적이 있습니다. "그런데 주교님…." "네, 말씀하시지요, 신부님." "저는 너무 많이 용서를 베풀기 때문에 조금은 불안한 마음이 듭니다." "신부님이 너무 많이 용서를 베풀고 있다면… 기도하십시오…." 이러한 대화를 나누면서 우리는 자비에 대해 이야기했습니다. 그러던 중 그분이 제게 이렇게 말했습니다. "주교님, 저는 그러한 의심이 강해질 때면 성당에 갑니다. 그리고 감실 앞에서 주님께 말씀드립니다. '죄송합니다만, 주님! 이 모든 것은 당신의 탓입니다. 당신이 저에게 나쁜 본보기[24]를 보이셨기 때문입니다!' 이렇게 말하고

24. 예수님은 당신을 찾아오는 이들에게 아무것도 따져 묻지 않고 조건 없이 맞이하고 용서하시는 자비를 보여주셨다. 이와 달리 세상에서는 죄인을 용서하기에 앞서 그가 얼마나 진심으로 통회하고 있는지를 따지고 그의 죄에 합당한 대가를 치르게 한 다음 용서를 베푼다. 이러한 세상의 기준으로 보면 예수님의 조건 없는 용서는 '나쁜 본보기'가 된다.

편안한 마음으로 성당을 나옵니다.” 이것은 참으로 아름다운 자비의 기도입니다! 자기 자신이 고해성사를 통해 주님의 자비를 입고 산다고 확신하는 사람은 다른 이들에게도 그 자비를 전해줄 수 있습니다.

사제는 이것을 배워 실천하도록, 곧 자비로운 마음을 지니도록 불림을 받았습니다. 제가 만들어 낸 표현대로 하자면 ‘무균상태의’ 사제들 또는 ‘실험실의’ 사제들, 다시 말해 모든 것이 깨끗하고 멋진 실험실 사제들은 교회에 도움을 주지 못합니다. 우리는 오늘날의 교회를 ‘이동식 병원’처럼 생각할 수 있습니다. 제가 교회를 그렇게 표현하는 것을 양해해 주시기 바랍니다. 하지만 제 눈에는 교회가 그렇게 보이고, 또 그렇게 느껴집니다. 그러니 교회는 ‘이동식 병원’이라고 반복해서 말하고 싶습니다. 교회는 헤아릴 수 없이 많은 상처를 치료해 주어야 합니다. 수없이 많은 상처가 있습니다! 물질적인 문제와 부정하고 부도덕한 사건들 때문에 상처를 입은 사람들이 많습니다. 교회 내부에서도 마찬가집니다. 세속에 현혹되어 상처 입은 사람들도 많습니다. 우리 사제들은 바로 그곳에, 상처를 입은 사람들의 곁에 있어야 합니다. 자비는 무엇보다도 먼저 상처를 치료해 주는 것을 의미합니다. 상처를 입은 사람에게 필요한 것은 콜레스테롤이나 혈당의 수치를 측정하는 등의 분석이 아니라 즉각적인 치료입니다. 상처가 있다면 먼저 그곳을 치료한 다음에 분석하는 것이 순서입니다. 그러고 나서 전문적인 치료가 이어질 것입니다. 그러므로 가장 먼저 해야 할 일은 상처를 치료하는 것입니다. 그것도 먼저 보이는 상처를 치료하는 것이 가장 중요한 일이겠지요. 물론 보이지 않는 상처도 있습니다. 자신의 상처를 보이지 않으려고 외떨어지는 사람들이 있기 때문입니다. 제 머릿속에는 예수님 시대에 모세의 율법에 따라 나병환자들이 행하던 관습이 떠오릅니다. 그 당시 나병환자들은 병을 전염시키지 않기 위해서 언제나 외떨어져 생활해야 했습니다. 다른 한편으로 수치심 때문에, 상처를 보이는 것이 수치스러워서 외떨어지는 사람들도 있습니다. 또한 겉으로 못마땅한 얼굴을 보이면서 교회를 등지고 외떨어지는 이들도 있는데, 그들의 내면 깊은 곳에는 상처가 있습니다. 그들이 바라는 것은 사랑입니다! 사랑하는 형제 여러분, 여러분에게 묻겠습니다. 여러분의 본당 교우들에게 어떤 상처들이 있는지 여러분은 알고 있나요?

그들의 상처를 이해하고 있나요? 그들 곁에 머물고 있나요? 제가 묻고 싶은 것은 이것뿐입니다.

이제 다시 고해성사에 대한 이야기로 돌아갑시다. 우리 사제들은 교우들에게서, 고해성사를 보러 갔다가 매우 '꽉 막힌' 사제를 만났다거나 매우 '느슨한' 사제를 만났다는 이야기를 종종 들을 수 있습니다. '엄격주의자'든 '방임주의자'든 그러한 모습의 사제를 만났다는 것은 좋은 일이 아닙니다. 사제들이 고해성사를 주는 방식이 서로 다른 것은 이상한 일이 아닙니다. 하지만 그러한 차이들은 본질적인 것, 다시 말해 건전한 윤리적 가르침과 자비와는 무관한 것입니다. 엄격주의자와 방임주의자는 결코 예수 그리스도를 증거할 수 없습니다. 자신이 만나는 사람에 대해 책임을 지려 하지 않습니다. 엄격주의자는 책임질 일이 없습니다. 자신이 이해한 법에 따라 냉혹하게 사람을 판단하고 구속하기 때문입니다. 방임주의자도 책임질 일이 없습니다. 겉으로만 자비로워 보일 뿐이고 실제로는 죄를 경시하면서 양심의 문제를 진지하게 다루지 않기 때문입니다. 참된 자비는 만나는 사람에 대해 책임을 집니다. 주의 깊게 그의 말을 들어주고 진실하고 존중하는 마음으로 그가 처한 상황에 다가가면서 고해성사의 여정에 동행해 줍니다. 이것은 피곤한 일입니다. 정말로 그렇습니다. 정말로 자비로운 사제는 착한 사마리아 사람처럼 행동합니다. 그런데 왜 그렇게 할까요? 그의 마음이 연민을 지녔으며 예수님의 마음이기 때문입니다!

우리는 '방임주의도 엄격주의도 성성을 자라나게 할 수 없다'는 것을 잘 알고 있습니다. 몇몇 엄격주의자는 아주 거룩한 사람처럼 보이기도 합니다. 이단자 펠라지오[25]를 떠올려 보십시오. 그에 대한 이야기는 다음 기회로 미룹시다. 여하튼 방임주의도 엄격주의도 사제를 성화할 수 없고 평신도를 성화할 수 없습니다! 이와 달리 자비는 성성을 향한 여정에 동행해 줍니다. 자비는 성성과 동행해 주고 성성을 자라나게 해 줍니다. 이것을 위해서는 본당 신부가 해야 할 일이 너무 많

25. 펠라지오(대략 354–418년)는 영국 출신의 수도승으로서 도덕적·금욕적 차원에서 엄격한 삶을 강조하면서 '인간은 하느님이 주신 자유의지로 철저하게 죄를 피하고 선을 행할 수 있다'고 주장했다. 따라서 인간은 하느님의 은총 없이도 구원에 이를 수 있다고 가르쳤다. 이에 대해 아우구스티노는 인간은 본성적으로 나약하기에 스스로 완전히 죄를 피하거나 죄에서 해방될 수 없고 오직 은총을 통해서만 구원받을 수 있다고 반박했다. 결국 펠라지오는 418년 카르타고공의회에서 단죄받았다.

다고요? 정말로 해야 할 일이 너무 많지요!

어떤 방식으로 성성의 여정에 동행하고 성성이 자라나도록 도와주어야 할까요? 이것은 자비의 한 형태인 사목적 아픔을 통해서 해야 하는 일입니다. 사목적 아픔이 의미하는 것은 무엇일까요? 그것은 바로 사람들을 위해 그들과 함께 아파하는 것을 의미합니다. 이것은 쉬운 일이 아닙니다! 자녀들 때문에 아파하는 아버지와 어머니처럼 아파하는 것입니다. 덧붙여 말하자면 '걱정도 함께하면서' 아파하는 것입니다.

어떤 사제가 찾아와 사목적 아픔에 대해 설명해 달라고 하면 저는 그에게 몇 가지 질문을 합니다. 이제 여러분에게도 같은 질문을 하고자 합니다. 이 질문들은 제가 주님 앞에 홀로 머물 때에도 묵상에 도움을 줍니다!

여러분, 대답해 보십시오. 여러분은 눈물을 흘리나요? 아니면 눈물이 메말라 버렸나요? 제 기억으로 예전에 사용하던 미사경본에는 눈물의 선물을 청하는 아주 아름다운 기도문이 실려 있었습니다. 그 기도는 이렇게 시작합니다. "주님, 당신은 바위에서 물이 나오게 하려고 모세에게 그 바위를 내리치라고 명령하셨습니다. 그러니 주님, 이제는 바위와 같은 제 마음을 내리치시어 눈물을 쏟게 해주십시오." 대략 이런 말로 된 기도였습니다. 이것은 아주 아름다운 기도입니다. 아파하는 어린이 앞에서, 붕괴된 가정 앞에서, 삶의 방향을 잃은 수많은 사람 앞에서 눈물을 흘리는 사람이 우리 가운데 몇이나 되나요? 사제의 눈물이라! 여러분은 눈물을 흘리나요? 아니면 사제의 자리에 앉으면서 눈물이 메말라 버렸나요?

여러분은 여러분의 교우들을 위해 눈물을 흘리나요? 대답해 보십시오. 여러분은 감실 앞에서 여러분의 교우들을 위해 기도를 바치나요?

여러분은 아브라함처럼 여러분의 교우들을 위해 주님과 겨루기도 하나요? '혹시 그보다 더 적다면요? 혹시 25명만 있다면요? 그런데 혹시 20명만 있다면요?…'창세 18,22-32 이것은 아주 용기 있는 전구입니다. 우리는 사목적 계획을 세울 때 '파레시아parresia',[26] 곧 사도적 용기가 필요하다고 말합니다. 당연한 말입니다. 하지만 기도에서도 동일한 파레시아가 필요

26. 그리스어로서 '솔직함, 신임, 신용, 명백함, 담대함' 등을 뜻한다. 여기서는 '담대함'이라는 뜻으로 사용되었다.

합니다. 여러분은 하느님과 겨루고 있나요? 모세가 그랬던 것처럼 주님과 말씨름을 하나요? 주님은 당신 백성 때문에 실망하고 지쳤을 때 모세에게 말씀하셨습니다. '너는 그냥 조용히 있어라. … 이 백성을 모두 멸망시키고 너를 저들보다 더 큰 민족으로 만들어 주겠다.'민수 14,11-12; 신명 9,14 그러자 모세가 아뢰었습니다. "아니, 그럴 수 없습니다! 이 백성을 죽이시려거든 저도 죽이십시오."민수 14,13-19; 신명 9,18-20 아브라함과 모세는 용기를 지녔습니다! 여기서 제가 묻고 싶은 것은 이것입니다. 우리는 우리 교우들을 위해 하느님과 겨룰 용기를 지녔나요?

한 가지 질문이 더 있습니다. 여러분은 저녁에 하루를 어떻게 마무리하나요? 주님과 함께 마무리하나요, 아니면 텔레비전과 함께 마무리하나요?

여러분은, 여러분이 더 자비로울 수 있도록 도움을 주는 이들과 어떤 관계를 맺고 있나요? 달리 말하면, 어린아이들, 노인들, 병자들과 여러분 사이의 관계는 어떠한가요? 여러분은 그들을 어루만져 줄 줄 압니까? 아니면 노인을 어루만져 주는 것을 부끄럽게 생각하나요?

형제의 몸을 부끄러워하지 마십시오. *Reflexiones en esperanza*[27] (희망에 대한 숙고), 1장 우리는 마지막 날에 '모든 몸'에 얼마나 가까이 다가갈 줄 알았느냐에 따라 심판을 받게 될 것입니다. 이것은 이사야가 전한 말씀이기도 합니다. 이사 58장 여러분은 형제들의 몸을 어루만져 주는 것을 부끄럽게 생각해서는 안 됩니다. '우리가 먼저 가까이 다가가는 것', 곧 이웃이 되어주기, 가까이 있기, 우리가 형제의 몸에 가까이 다가가는 것이 필요합니다. 착한 사마리아 사람에 앞서 지나간 사제와 레위인은 강도들에게 봉변당한 사람에게 가까이 다가갈 줄을 몰랐습니다. 그들의 마음은 닫혀있었습니다. 오늘날로 치자면, 사제가 시계를 보면서 "나는 미사를 봉헌하러 가야해. 미사 시간에 늦을 수는 없지." 하면서 그 자리를 떠나는 것과 같겠지요. 이것은 변명입니다! 문제를 회피하고 사람들의 주변을 맴돌기 위해 우리가 얼마나 많은 변명을 했는지 모릅니다. 또 레위인은 오늘날 법을 전공한 박사나 변호사에 비유할 수 있는데, 그는 이런 말을 했을 것입니다. "아니야, 나는 이 사람

27. 교황님이 1992년에 부에노스아이레스에서 스페인어로 출판한 저서다.

에게 도움을 줄 수 없어. 만일 그랬다가는 내일 자초지종을 설명하러 증인석에 서야 할지도 몰라. 그렇게 시간을 낭비하고 말 거야." 모두가 변명일 뿐입니다! 그들의 마음은 닫혀있었습니다. 닫혀있는 마음은 언제나 자신이 행하지 않은 것을 두고 변명합니다. 이와 달리 사마리아 사람은 마음을 열고 마음의 움직임을 느꼈습니다. 이 내적 움직임은 구체적인 행동으로, 곧 쓰러진 사람을 도와주는 구체적이고 효과적인 개입으로 이어졌습니다.

이 세상 마지막 날에는 상처 입고 소외된 형제의 몸을 부끄러워하지 않은 사람만이 예수님의 영광스러운 몸을 바라볼 수 있을 것입니다.

저는 제가 심판을 받을 때 기준으로 제시될 조건을 읽는 것이 때로 저에게 유익했다는 것을 여러분에게 고백합니다. 그 내용은 마태오복음 25장에 나옵니다.

저는 부에노스아이레스에서 고해성사로 유명한 또 다른 사제를 만난 적이 있습니다. 그는 '지극히 거룩한 성체 수도회' 소속 사제였습니다. 거의 모든 성직자가 그에게 고해성사를 청했습니다. 요한 바오로 2세는 부에노스아이레스에 두 번

방문했는데, 그중 한 번은 교황청 대사관에서 당신에게 고해성사를 줄 사제를 찾았습니다. 그래서 그 사제가 교황님께 갔습니다. 그는 노인, 아주 나이 많은 노인이었습니다. 그는 수도회에서 관구장직을 맡기도 하고 교수로 일하기도 했지만 언제나 변함없이 수행한 직무는 고해성사를 주는 것이었습니다. 지극히 거룩한 성체 성당의 고해소에는 언제나 긴 줄이 늘어섰습니다. 그 당시 저는 교구청에 머물면서 총대리로 일했습니다. 저는 매일 아침 일찍 일어나 사무실에 내려가서는 어떤 소식이 있나 하고 팩스를 확인했습니다. 어느 부활 대축일 아침에 저는 공동체 장상이 보낸 팩스를 받았습니다. "어제 새벽 12시 30분 파스카 성야에 94세 또는 96세의 나이로 아리스티 신부님이 선종하셨습니다. 장례미사 시간과 날짜는 아래와 같습니다.…" 부활 대축일 오전에 저는 원로사목자들과 함께 점심 식사를 할 예정이었습니다. 매년 부활 대축일마다 그렇게 해왔으니까요. 저는 혼잣말로 이렇게 말했지요. "점심 식사 후에 빈소가 있는 성당에 가봐야지." 그날 오후에 방문한 성당은 엄청 큰 규모였습니다. 지하에 아름다운 봉안경당이 마련된 아주 큰 성당이었습니다. 저는 봉안경당으로 내려갔습니다. 그곳에 신부님의 시신을 모신 관이 놓여있었고 그 앞에서 할머니 두 분만이 기도를 바치고 있었습니다. 꽃 한 송이도 없었습니다. 저는 이런 생각이 들었습니다. "나를 비롯하여 부에노스아이레스의 모든 성직자의 죄를 용서해 준 이 사제의 관 앞에 꽃 한 송이도 없다는 것은 안타까운 일이야." 저는 곧장 성당을 나가서 꽃집으로 향했습니다. 부에노스아이레스의 교차로에는 꽃집이 많았습니다. 저는 가까운 꽃집에 들러서 장미꽃 다발을 샀습니다. 그리고 봉안경당으로 돌아가서 관 주위를 꽃으로 장식하기 시작했습니다. 그러다가 어느 순간 신부님의 손에 들린 묵주가 눈에 들어왔습니다. 그러자 곧바로 도둑이 제 머릿속에 들어와 자리잡았습니다. 우리 모두 마음속에 욕심이라는 도둑을 품고 살지 않나요? 저는 관 주위를 꽃으로 장식하면서 그 도둑이 시키는 대로 묵주에 달린 십자가를 떼어냈습니다. 약간의 힘을 주어 십자가를 묵주에서 떼어냈습니다. 그 순간 저는 신부님을 바라보며 이렇게 말했습니다. "당신의 자비에서 반을 떼어 저에게 주십시오." 제가 그런 행동을 하고 그런 기도를 바칠 수 있게 용기를 주는 어떤 강한 힘이 느껴졌습니다! 그리고 나서 저는 그 십자가를 여기 이 주머니에 넣었습니다. 교황의 셔츠에는 주머니가 없습니다. 하지만 언제나 저는 천으로 만든 작은 주머니를 지니고 다닙니다. 그때부터 지금까지 그 십자가는 줄곧 저와 함께 있습니다. 어떤 사람에 대해 나쁜 생각이 떠오를 때면, 언제나 그렇듯 저는 여기에 손을 얹습니다. 그러면 은총이 느껴집니다! 마음이 편안해지는 것을 느낍니다. 자비로운 한 사제, 상처들을 향해 가까이 다가가는 한 사제의 본보기가 얼마나 유익한지 모릅니다.

잠시 생각해 본다면, 여러분의 머릿속에는 분명히 그처럼 자비로운 사제들의 얼굴이 많이 떠오를 것입니다.

여러분, 하늘나라에 있는 수많은 사제를 기억하면서 자비의 은총을 간구하십시오! 그 사제들이 형제들에게 보인 그 자비의 은총이 여러분에게도 내리길 바랍니다. 이것은 참으로 좋은 일입니다.

하느님의 백성을 돌보기

신학교는 사제 양성을 위해 설립된 교육 기관입니다. 사제 양성 전통의 발자취를 따라가 보면 신학교는, 오늘날 교회 안에서 사제직을 지망하는 후보자들이 사제성소와 관련된 자신들의 계획을 발전시켜 사도직 현장에서 풍성한 열매를 맺을 수 있도록 양성하기 위해 설립되었습니다. 신학교는 기도와 학습과 형제애가 조화를 이룬 환경에서 미래의 사목자들을 준비시키는 것을 목적으로 삼고 있습니다. 이것은 복음적인 환경이고 성령과 인간애가 충만한 삶입니다. 이러한 환경과 삶은 여러분에게 날마다 예수 그리스도의 마음, 다시 말해 아버지와 교회를 향한 그분의 사랑과 하느님의 백성을 향한 전적인 헌신을 닮고 싶은 열망에 빠지게 합니다. 기도, 학습, 형제애, 사도적 삶은 상호작용 안에서 사제 양성을 떠받치는 네 기둥입니다. 곧 강직한 영적 삶, 진지한 지적인 삶, 공동체적인 삶, 사도적 삶은 사제 양성의 네 기둥입니다. 이 순서는 중요도에 따른 것이 아닙니다. 네 가지 모두 중요하고 어느 한 가지라도 부족하면 사제 양성에 차질이 생깁니다. 이 네 가지는 상호작용을 합니다. 신학교의 삶은 이 네 개의 기둥, 곧 네 가지 측면을 기반으로 이루어져야 합니다.

사랑하는 신학생 여러분, 여러분은 전문직에 종사하기 위해, 또는 기업의 사원이나 관료조직의 일원이 되기 위해 준비하고 있는 것이 아닙니다. 아주 많은 사제가 길을 가다 말고 중간에 서있습니다. 완전한 목적지에 이르지 못하고 중간에 멈춰 서있는 것은 가슴 아픈 일입니다. 그들은 관리官吏와 같은 모습이나 관료적인 면을 보이는데, 이것은 교회에 유익하지 않습니다. 여러분에게 부탁합니다. 여러분은 그러한 상태에 빠지지 않도록 주의하십시오! 여러분은 예수님처럼, 그리고 '예수님을 대리하여' 그분의 양 떼 가운데 머물고 그분의 양들을 보살피기 위해 착한 목자이신 예수님의 모습을 닮은 목자로 양성되는 과정에 있습니다.

이러한 목자가 되라는 부르심 앞에서 우리는 마리아가 천사에게 한 질문을 반복할 수 있습니다. "어떻게 그런 일이 있을 수 있겠습니까?"루카 1,34 우리는 아주 미소한 존재이기에 예수님의 모습을 닮은 '착한 목자'가 되는 것은 우리에게 너무나 엄청난 일입니다. 정말로 그렇습니다! 요사이 며칠 동안 성목요일의 성유 축성 미사에 대해 생각해 보았습니다. 그러면서 제가 깨달은 것은 이것입니다. 우리는 가장 작은 이들 가운데 하나지만, 우리가 받은 이 크나큰 선물을 통해 우리의 미소함은 강한 힘을 지니게 됩니다. 정말로 그렇습니다! 우리가 예수님을 닮은 착한 목자가 되는 것은 엄청난 일입니다. 하지만 이것은 우리의 힘으로 이루어지는 일이 아닙니다! 성령께서 우리와 함께 이루어 주시는 일입니다. 우리가 해야 할 일은 옹기장이 손에 들린 진흙처럼 겸손하게 우리 자신을 내맡기는 것입니다. 옹기장이신 하느님이 물과 불을 사용하여, 곧 말씀과 성령으로 그 진흙을 당신 마음에 드는 그릇으로 만드시도록 우리 자신을 내맡겨야 합니다. 그러면 성 바오로의 말씀이 실현됩니다. "이제는 내가 사는 것이 아니라 그리스도께서 내 안에 사시는 것입니다."갈라 2,20 오직 그렇게 될 때만 교회의 부제와 사제로 살 수 있습니다. 오직 그렇게 될 때만 하느님의 백성을 돌볼 수 있으며, 우리의 길이 아닌 예수님의 길로, '길이신' 예수님께로 그 백성을 이끌 수 있습니다.

사실 처음부터 끝까지 완전히 올바른 지향을 지니고 사는 것은 불가능한 일입니다. 단언컨데 그것은 어려운 일입니다. 우리 모두는 올바르지 않은 소소한 지향들에서 완전하게 벗어난 적은 없지만, 날마다 회개를 통해 그러한 것들을 마음에서 비워냅니다. 사도들을 생각해 봅시다! 야고보와 요한을 떠올려 봅시다. 그들은 제자들 가운데 첫째가 되고 싶어 했습니다. 그 당시 사도들은 아직 올바름을 지니지 못한 상태였습니다. 다른 것을 생각하고 있었으니까요. 하지만 주님께서 많은 인내심을 가지고 그들의 지향을 바르게 고쳐주셨습니다. 마침내 제자들은 완전히 올바른 지향을 가지게 되었고 그 지향대로 생명을 바쳐 복음을 선포하고 순교했습니다.

이러한 사실에 놀라워할 필요가 없습니다! 여러분 가운데 이렇게 말하고 싶은 사람도 있을 것입니다. "그런데 저는 제가 출세를 지향하는 사제가 되고 싶어 하지는 않는지 걱정스럽습니다." 그러면 저는 이렇게 물을 것입니다. "당신은 예수님을 사랑하나요?" 제 물음에 "예!"라고 대답한다면, 저는 이렇게 충고할 것입니다. "영성지도 신부님과 대화를 나눠보십시오. 양성장들과도 대화를 나눠보십시오. 그리고 기도하고, 또 기도하고, 또 기도하십시오. 그러면 마음속에 올바른 지향이 자리 잡은 것을 보게 될 것입니다."

사제직을 준비하는 여정은 삶과 설교로 복음을 전하기 위해 날마다 복음을 묵상하는 것입니다. 또한 고해성사를 통하여 하느님의 자비를 체험하는 것입니다. 절대로 고해성사를 멀리해서는 안 됩니다! 고해성사를 자주 보십시오! 그러면 여러분은 하느님의 자비를 느낄 수 있을 것이고, 그 결과 너그럽고 자비로운 성직자가 될 것입니다. 이 여정은 장차 사제가 되어 그리스도교 백성을 생명의 양식인 성체로 양육하기 위해서, 여러분 자신부터 사랑과 믿음으로 동일한 양식을 받아먹고 성장하는 것입니다. 또한 이 여정은 아버지를 찬미하고 형제들을 위해 끊임없이 전구하신히브 7,25 그리스도의 목소리가 되기 위해 항상 기도하는 사람으로 사는 것입니다. 전구는 백성을 위해 하느님과 겨룬 모세나 아브라함과 같은 위인들이 바치던 기도이며 하느님 앞에서 올리는 용기 있는 기도입니다. 만일 여러분이, 여러분 가운데 누군가가, 위인들의 마음가짐과 태도와 삶을 본받아 이 길을 따르고자 하는 각오가 되어있지 않다면, 차라리 용기를 내어 다른 길을 찾아 떠나는 것이 낫습니다. 이것은 여러분을 모욕하려는 말이 아니라 진심에서 우러나온 충고입니다! 교회 안에는 그리스도교 신앙을 증거하는 방법이 다양하고 성성에 이르는 길도 많습니다. 예수님을 따르는 직무에는 세속적인 것, 다시 말해 언제나 개인의 이익을 목적으로 하느님의 거룩한 백성을 이끄는 세속적인 정신이 들어설 자리가 없습니다. 예언자들은 '불행하여라, 하느님의 양 떼가 아니라 자기 자신을 돌보는 나쁜 목자들!'이라고 매우 강력하게 경고했습니다.에제 34,1-6 또한 아우구스티노는 자신의 저서 *De Pastoribus*(목자들에 대하여)에서 예언의 말씀을 인용했습니다. 저는 여러분에게 이 작품을 읽고 묵상해 보기를 권합니다. 나쁜 목자들은 불행합니다.

우리는 진실을 말해야 합니다. 신학교는 우리가 지닐 수 있는 수많은 한계를 회피하기 위한 피신처가 아닙니다. 또한 심리적 불안을 해소하기 위한 피난처도, 인생길을 나아갈 용기가 없으니 자신을 보호할 장소를 찾아야겠다는 마음으로 들어오는 피난처도 아닙니다. 신학교는 결코 그런 곳이 아닙니다. 신학교가 그런 장소라면 이곳은 교회에 걸림돌이 될 것입니다! 그럴 수는 없습니다. 오히려 신학교는 신학생들이 착한 목자가 되기 위한 여정을 밟아나가도록 양성하는 곳입니다. "불행하여라!" 하고 외치는 예언자들의 말씀을 들을 때마다, "불행하여라!"라는 말이 여러분의 미래를 진지하게 숙고하도록 해주는 계기가 되기를 바랍니다. 언젠가 교황 비오 11세는 확신이 없는 후보자 때문에 성소가 위협받는 것보다는 그 후보자가 성소를 잃는 것이 낫다고 말했습니다. 그분은 등산가였기 때문에 확신 없이 나아가는 것이 위험하다는 것을 잘 알고 있었습니다.

사제의 기쁨

사제직을 수행하는 사랑하는 형제 여러분! 오늘 성목요일은 예수님이 우리를 끝까지 사랑하신 날이며요한 13,1 사제직과 우리의 사제품이 세워진 행복한 날입니다. 오늘 우리는 이 사실을 기념하고 있습니다. 하느님께서는 그리스도 안에서 우리에게 기쁨의 기름을 바르셨습니다. 이 도유는 우리에게 사제직이라는 위대한 선물, 다시 말해 사제직의 기쁨과 환희를 받아들이고 그 직무를 수행하라고 초대합니다. 사제직의 기쁨은 사제 자신뿐 아니라 하느님의 모든 백성을 위한 귀중한 선물입니다. 사제는 하느님의 충실한 백성 가운데서 도유를 받도록 부르심을 받았고 이 백성에게 도유하도록 파견되었습니다.

사제는 기쁨의 기름으로 백성을 도유하기 위해 그 기쁨의 기름으로 도유된 사람입니다. 사제직의 기쁨은 아버지의 사랑에서 샘솟는 것입니다. 주님은 이 사랑의 기쁨이 언제나 '우리 안에 머무르고 충만하길'요한 15,11 바라십니다. 저는 성모님을 묵상하면서 기쁨에 대해 생각하는 것을 좋아합니다. 마리아는 '살아있는 복음의 어머니로서 작은 이들을 위한 기쁨의 샘입니다.'「복음의 기쁨」 288항 저는 "사제는 아주 작은 사람이다"라고 말하는 것이 전혀 과장된 표현이 아니라고 확신합니다. 우리가 사제직을 수행하기 위해 받은 도유는 위대한 선물이며, 그 무한한 위대함이 우리를 사람들 가운데 가장 작은 이들 사이로 내려가게 만듭니다. 예수님이 당신의 가난으로 사제를 부유하게 해주지 않으신다면, 사제는 사람들 가운데서 가장 가난한 자입니다. 예수님이 사제를 당신의 친구로 불러주시지 않는다면, 사제는 가장 쓸모없는 종입니다. 예수님이 베드로에게 하신 것처럼 인내심을 가지고 가르쳐 주시지 않는다면, 사제는 사람들 가운데서 가장 어리석은 자입니다. 착한 목자께서 사제를 양 떼 사이에서 강하게 해주시지 않는다면, 사제는 그리스도인들 가운데서 가장 무력한 자입니다. 자신의 힘으로만 모든 것을 책임져야 하는 사제보다 작은 사람은 아무도 없습니다. 그러므로 악마의 온갖 계략에 맞서기 위한 우리의 기도는 성모님의 기도와 동일합니다. '저는 사제입니다. 주님께서 사랑으로 저의 미소함을 굽어보셨기 때문입니다.'루카 1,48 이러한 미소함에서부터 우리의 기쁨을 찾아야 합니다. 우리의 미소함 속에 참 기쁨이 있습니다!

우리 사제들의 기쁨에는 세 가지 의미심장한 특징이 있습니다. 사제의 기쁨은 '우리를 도유하는우리를 겉으로만 번지르르하게 만들거나 사치스럽게 또는 거만하게 만들지 않는'[28] 기쁨이고 '불멸의' 기쁨이며, 가장 먼 곳에서 시작해 모든 이를 환하게 비추고 끌어

28. 이탈리아어에서 '도유된'이라는 뜻을 지닌 단어는 'unto'이다. 교황님은 이와 비슷한 발음이 들어있으면서도 전혀 다른 부정적인 뜻을 지닌 세 단어 곧 '번드르르한'이라는 뜻을 지닌 untuosi, '사치스러운'이라는 뜻을 지닌 sontuosi, 그리고 '거만한'이라는 뜻을 지닌 presuntuosi를 차례로 나열하신다. 이러한 언어유희를 통해, 사제들은 기쁨으로 도유된(unti) 존재이므로 이 도유는 사제들을 번지르르하게(untuosi), 사치스럽게(sontuosi) 또는 거만하게(presuntuosi) 만드는 것이 아님을 강조하신다.

들이는 '선교의' 기쁨입니다.

'우리를 도유하는 기쁨!' 달리 말하면 이것은 성사를 통해 마음속 깊은 곳까지 스며들어 우리의 마음을 바로잡아 주고 강하게 해주는 기쁨입니다. 서품식 전례에는 안수, 성유 도유, 제의 착복, 첫 번째 성찬례 거행 등 여러 가지 표징이 있습니다. 이 표징들은, 주님께서 우리에게 주신 모든 것을 온전히 전하고 알려주고자 하는 어머니 교회의 바람을 드러내 줍니다. 사제로 축성된 우리는 은총으로 충만합니다. 이 은총이 사제 개개인에게 완전하고 충만하며 넘치도록 부어집니다. 그렇게 사제는 뼛속까지 도유되는 것입니다. 내면 깊은 곳에서 솟아나는 우리의 기쁨은 이러한 도유의 반향입니다.

'불멸의 기쁨!' 도유는 그 누구도 무언가를 빼거나 보탤 수 없는 완전성을 지닌 선물입니다. 이 완전성은 타락을 모르는 기쁨, 누구도 빼앗을 수 없으리라고 주님께서 약속하신 기쁨 요한 16,22이 솟는 마르지 않는 샘입니다. 죄나 삶에 대한 걱정 때문에 이 기쁨이 무뎌지고 힘을 잃을 수도 있지만, 내면 깊은 곳에서는 마치 잿더미 속에 묻혀있는 검붉은 숯덩이처럼 완전한 상태로 남아있으며 언제든지 되살아날 수 있습니다.

바오로 사도가 티모테오에게 남긴 권고는 언제나 유효합니다. "나는 그대에게 상기시킵니다. 내 안수로 그대가 받은 하느님의 은사를 다시 불태우십시오."2티모 1,6

'선교의 기쁨!' 저는 이 셋째 특징에 대하여 더 특별히 강조하면서 이야기를 나누고 싶습니다. 사제의 기쁨은 하느님의 거룩하고 충실한 백성과의 친밀한 관계 속에 자리 잡고 있습니다. 사제의 기쁨은 무엇보다도 선교의 기쁨이기 때문입니다. 사제가 받은 도유는 하느님의 거룩하고 충실한 백성을 도유하기 위한 것입니다. 다시 말하자면 사제는 이 백성에게 세례를 주고, 견진성사를 베풀고, 보살피고, 축성하고, 축복하고, 위로하고, 복음화하기 위해 도유를 받은 것입니다.

그러므로 사제의 기쁨은 목자로서 양 떼 가운데 머물 때에만 흘러나올 수 있습니다. 아버지를 찬미하는 목자로서 어린양들 가운데 머물면서 침묵 중에 기도할 때도 기쁨이 흘러나옵니다. 이러한 이유에서 사제의 기쁨은 그 자신이 돌보는 '양 떼가 지켜주어야' 합니다. 사제로 사는 동안 모든 것이 불투명해 보이고 홀로 버려진 듯한 착각에 빠져 슬퍼하는 경우가 있습니다. 저도 그러한 시간을 보낸 적이 있습니다. 이처럼 무기력하고 우울한 때에도 하느님의 백성은 사제의 기쁨을 지켜줄 수 있습니다. 하느님의 백성은 사제 여러분을 보호하고 끌어안아 주고 마음을 열고 새로운 기쁨을 되찾을 수 있도록 도와줄 수 있습니다.

사제의 기쁨은 '양 떼가 지켜주어야' 하며, 가난, 충실, 순명이라는 세 자매가 지켜주어야 합니다.

'사제의 기쁨은 가난을 자매로 삼은 기쁨입니다.' 사제는 순전히 인간적인 기쁨을 포기한 가난한 존재입니다. 사제는 많은 것을 포기한 사람입니다! 사제는 다른 이들에게 많은 것을 내어주기에 가난한 사람입니다. 사제는 주님과 하느님의 충실한 백성에게서 기쁨을 얻어야 합니다. 사제는 자기 자신에게서 기쁨을 찾아서는 안 됩니다. 우리는 하느님의 백성이, 자기네를 축복하는 사제들의 작은 몸짓에도 감사하고 특별히 사제들이 성사를 베풀어 주는 것에 대해 감사하는 아주 넓은 마음을 지녔다는 것을 알고 있습니다. 많은 이가 사제의 정체성이 위기를 겪고 있다고 말하면서도 그것이 소속감에서 나온다는 것을 생각하지 못합니다. 하느님의 충실한 백성과 묶여있는 활기찬 소속감이 없다면 정체성은 물론이고 삶의 기뼈도 없습니다.「복음의 기쁨」 268항 참조 자신의 내면을 깊이 성찰함으로써 사제의 정체성을 찾을 수 있다고 주장하는 사제는 '출구'를 가리키는 표지판 외에 다른 것은 찾을 수 없을 것입니다. 그러므로 여러분 자신에게서 나오십시오. 참된 경배를 통해 하느님을 찾으러 나가십시오. 여러분의 백성을 향해 나가서 여러분에게 맡겨진 것을 전해주십시오. 그러면 여러분의 백성은 여러분이 누구인지, 여러분의 이름이 무엇인지, 여러분의 정체성이 무엇인지 느끼고 맛보도록 도와줄 것이고, 주님께서 당신 종들에게 약속하신 백 배의 열매를 얻고 기뻐하게 해줄 것입니다. 여러분이 여러분 자신에게서 나오지 않는다면, 기름은 부패하게 되고 도유는 아무런 열매도 거둘 수 없게 됩니다. 자기 자신에게서 나오는 것은 자신의 것을 벗어던지고 가난을 받아들여야 가능한 일입니다.

'사제의 기쁨은 충실을 자매로 삼은 기쁨입니다.' 충실을 자매로 삼는다는 것은 우리가 언제나 '흠 없는' 상태를 유지할 수 있다는 뜻이 아닙니다. 물론 하느님의 은총으로 그렇게 할 수도 있겠지만, 우리 모두는 죄인이지 않습니까! 충실을 자매로 삼는다는 것은 유일한 신부인 교회에게 언제나 새로운 충실을 다짐하고 실천한다는 뜻입니다. 이것을 가능하게 하는 열쇠는 풍요입니다. 각 사제에게는 주님께서 주신 영적인 자녀들이 많습니다. 사제가 세례를 준 이들, 축복하고 그 여정에 도움을 준 가정들, 위로하고 돌봐준 병자들, 교리교육을 위해 함께 일하는 젊은이들, 그리고 여러 도움을 준 가난한 이들이 바로 사제의 영적 자녀들입니다. 이들이 유일한 신부인 교회를 이루고, 사제는 이 신부를 특별히 사랑하고 유일한 연인처럼 대하면서 언제나 새롭게 충실한 삶을 살아야 합니다. 영적 자녀들은 각자가 성과 이름을 지닌 살아있는 교회입니다. 사제는 각자의 본당에서, 또는 자신에게 맡겨진 소임을 수행하면서 그들을 돌봅니다. 사제가 이 교회에 충실할 때, 자신이 해야 할 일을 모두 행하고 주님께서 맡겨주신 양떼 가운데 머물기 위해 내려놓아야 할 것을 모두 내려놓을 때, 교회이며 영적 자녀들인 그들이 사제에게 기쁨을 줍니다. 주님께서는 "내 양들을 돌보아라"요한 21,16.17 하고 말씀하시면서 당신의 양 떼를 사제들에게 맡겨주셨습니다.

'사제의 기쁨은 순명을 자매로 삼은 기쁨입니다.' 우리는 교회가 우리에게 세워준 위계질서 안에서 교회에 순명해야 합니다. 이 순명은 단순히 외적인 범주에서, 다시 말해 파견된 본당에서의 활동, 직무를 위한 권한 행사, 특별한 임무 수행을 비롯하여 모든 부성애의 원천인 하느님 아버지와 일치를 이루는 삶에만 해당하는 것이 아닙니다. 사제는 섬김을 통해서도 교회에 순명해야 합니다. 언제 어디서든 최상의 방법으로, '차비를 갖춘 우리의 성모님'루카 1,39을 본받아 모든 이를 섬길 준비를 하고 기꺼이 나설 수 있어야 합니다. 성모님은 친척 엘리사벳을 돕기 위해 서둘러 길을 나섰고 카나의 혼인 잔치에서 포도주가 떨어진 주방의 어려움에 관심을 기울이셨습니다. 섬김을 위해 언제든 기꺼이 나설 수 있는 사제는 교회를 문이 활짝 열린 집으로, 죄인들의 피난처이며 길거리에서 생활하는 많은 이를 위한 안식처로, 또 병자들을 돌보는 가정이며 젊은이들의 캠프장이고 첫영성체를 준비하는 어린이들의 교리교실로 변하게 합니다. 하느님 백성의 바람과 요구가 있는 곳, 거기에 백성의 목소리를 들어줄ob-audire[29] 줄

29. '순명하다, 순종하다'라는 뜻을 지닌 라틴어는 obaudire다. 이 단어는 '~앞에서'라는 뜻을 지닌 접두어 'ob'와 '듣다'라는 뜻을 지닌 동사 'audire'의 합성어다. 따라서 '순명하다 obaudire'라는 말은 글자 그대로 풀이하면 '앞에서 들어주다'라는 뜻이다. 교황님은 이러한

아는 사제, 곧 그리스도의 애정이 담긴 명령이 무엇인지 알고 실천할 수 있는 사제가 있어야 합니다. 그리스도는 곤궁에서 오는 백성의 요구를 자비로이 해결해 주고 백성의 바람을 창의적인 사랑으로 충족시켜 주도록 사제를 파견하셨습니다.

부르심을 받은 이는 순수하고 충만한 기쁨이 이 세상에 실재한다는 것을 알기 바랍니다. 이것은 우리가 사랑하는 백성에게서 얻는 기쁨입니다. 유일하고 착한 목자 예수님은 당신의 백성에게 베푸신 은총과 위로를 지켜주도록 우리를 파견하셨습니다. 이 땅에서 목자 없이 지치고 억눌린 작은 이들과 소외된 이들 모두에게 깊은 연민을 지니신 착한 목자 예수님은 당신의 직무에 많은 이가 참여하기를 바라셨습니다. 그렇게 예수님은 많은 이를 사제직으로 부르셨는데, 이는 당신이 몸소 사제들과 함께 머물면서 그들을 통하여 당신 백성의 선익을 위해 계속 일하시기 위한 것입니다.

성목요일인 오늘 저는 주 예수께서 많은 젊은이에게 기쁨

뜻을 지닌 obaudire를 '백성의 목소리를 들어주는 행위'를 가리키는 데 사용하신다. 그렇게 교회에 순명한다는 것은 교회의 소리, 곧 하느님 백성의 목소리를 그 앞에서 귀여겨들어 주는 것임을 강조하신다.

으로 불타는 열정적인 마음을 심어주시기를 청합니다. 많은 젊은이가 예수님의 부르심에 용기를 내어 기꺼이 응답함으로써 충만한 기쁨을 얻어 누리기를 바랍니다.

또 저는 주 예수께서 새 사제들의 눈망울에 담긴 기쁨의 빛을 지켜주시기를 청합니다. 그들은 세상 전부를 복음화하고, 하느님의 충실한 백성 가운데서 온몸을 불사르기 위해 떠나려 하고 있습니다. 첫 미사, 첫 강론, 첫 세례성사, 첫 고해성사 등을 준비하면서 즐거워하고 있습니다. 그들은 도유된 사제로서 처음으로 직무를 행하면서 놀라고 기뻐하게 될 것입니다. 그 기쁨은 복음의 보물을 함께 나눌 수 있는 데서 오는 것이고, 하느님의 백성이 자기네가 필요한 것을 청하고 축복을 받기 위해 머리를 내밀거나, 새 사제들의 손을 붙잡고는 자녀들을 그들 곁에 데려오거나, 병자들을 위해 기도나 방문을 요청하는 방식으로 새 사제들을 도유하는 데서 오는 기쁨입니다. 주님, 당신의 젊은 사제들이 사명을 실천하기 위해 기꺼이 떠나고 모든 것을 늘 새로운 마음으로 행하는 기쁨, 곧 당신을 위해 생명을 바칠 수 있는 기쁨을 간직하게 해 주십시오!

그리고 저는 주 예수께서 수년 동안 사목활동을 해온 이들에게 사제의 기쁨을 더욱 확고하게 해주시기를 청합니다. 이 기쁨은 사제직무의 무게를 견뎌내는 많은 이의 어깨에 올려져 있는 것입니다. 그들의 눈가에는 기쁨이 가시지 않습니다. 이 사제들은 이미 직무의 가치를 맛보았고 직무를 수행하기 위해 힘을 모으고 재정비합니다. 운동선수들이 사용하는 표현을 빌리자면 그들은 '흐름을 바꾸어 놓고 있습니다.' 주님, 중년 사제들의 기쁨이 지닌 깊이와 현명함과 성숙함을 지켜주십시오! 중년 사제들이 "주님의 기쁨이 곧 나의 힘입니다"느헤 8,10라고 기도한 느헤미야처럼 기도할 줄 알기를 바랍니다.

마지막으로 오늘 저는 예수께서 건강하든 병이 들었든 상관없이 노인 사제들의 기쁨을 밝혀주시기를 청합니다. 이것은 십자가의 기쁨이며, 부스러지기 쉬운 질그릇에 썩지 않는 보물을 담고 있음을 자각하는 데서 오는 기쁨입니다. 노인 사제들이 유수같이 흐르는 세월 속에서도 과르디니가 말한 것처럼 영원함을 미리 맛보면서 어느 곳에서든 잘 지낼 수 있기를 바랍니다. 주님, 노인 사제들이 자신의 자리를 후임자에게 물려주는 기쁨, 영적 자녀들에게서 새 세대가 성장하는 모습을 보는 기쁨, 희망을 간직하고 온화한 미소로 주님의 약속이 실현되기를 기다리는 기쁨을 누리게 해주십시오!

주교,
부활하신 주님의 증인

어느 시대 어느 곳에서든 교회는 “우리에게 주교를 보내주십시오!” 하고 주님께 청합니다. 하느님의 거룩한 백성은 계속해서 이렇게 말합니다. 우리에게는 높은 곳에서 우리를 지켜봐 주는 사람이 필요합니다. 우리에게는 하느님의 넓은 마음으로 우리를 돌봐줄 사람이 필요합니다. 우리에게는 ‘매니저’, 곧 기업에서 파견된 경영인이 필요한 것이 아닙니다. 그렇다고 여러 가지로 부족하고 내세울 것 없는 우리와 같은 수준의 사람이 필요한 것도 아닙니다. 우리에게는 우리를 바라보

시는 하느님의 눈높이에 자신의 시선을 맞추고 우리를 하느님께 이끌어 줄 수 있는 사람이 필요합니다. 우리를 바라보시는 하느님의 눈길에서만 우리의 미래를 찾을 수 있습니다! 우리에게는 하느님의 일터가 자신의 협소한 정원과 비교할 수 없이 드넓다는 것을 알고 있고 우리의 마음이 열망하는 하느님의 약속이 결코 헛된 것이 아님을 보증해 줄 수 있는 사람이 필요합니다.

사람들은 매일 삶의 터전에서 힘겹게 달리고 있습니다. 이들에게는 높은 곳에 있는 것들을 바라볼 줄 아는 사람의 인도가 필요합니다. 그러므로 우리는 우리가 보살펴야 하는 지역 교회들이 저마다 무엇을 필요로 하는지에 대해 지속적인 관심을 가져야 합니다. 모든 교회에 적합한 '표준' 목자는 존재하지 않습니다. 그리스도께서는 개별 교회들이 요청하는 목자의 고유성에 대해 알고 계십니다. 목자는 저마다 자신이 책임진 개별 교회들의 필요에 부응하고 저마다의 잠재력을 실현할 수 있게 도와줄 수 있어야 하기 때문입니다. 우리는 개별 교회들의 고유성을 고려하면서 그리스도의 전망을 가지고 사목해야 합니다.

개별 교회의 고유성에 맞는 사목자를 선별하기 위해서는 우리 모두가 높아져야 할 필요가 있습니다. 우리도 '더 높은 단계'로 올라가야 할 필요가 있습니다. 높이 올라가는 것 외에는 다른 방법이 없습니다. 낮은 기준에 만족할 수는 없습니다. 우리가 하느님의 드넓은 지평 안으로 들어가기 위해서는, 높은 곳에서 하느님의 눈길을 가져다줄 수 있는 봉사자들을 찾기 위해서는 우리의 다양한 선호, 기호, 소유, 성향을 뛰어넘어 높이 올라가야 합니다. 우리는 저 밑바닥에서 오는 두려움에 사로잡힌 사람들이 아니라, '담대함parresia'을 갖추고 이 세상에는 일치를 위한 성사가 실재한다는 것제2차 바티칸공의회 교회에 관한 교의헌장 〈인류의 빛〉*Lumen Gentium* 1항·참조을 보증할 수 있는 목자들입니다. 우리 목자들이 있는 한 인류는 혼돈과 상실에 빠질 일이 없습니다.

그렇다면 이제 사도 시대의 교회가 유다의 배반 이후에 열둘로 구성된 사도단을 재구성해야 했던 때를 되짚어 봅시다. 열둘로 구성된 사도단이 없는 상태에서는 성령께서 충만하게 내려오시지 않았습니다. 유다를 대신할 새로운 사도는 예수님의 공생활 동안 줄곧 함께한 이들 가운데서 선택되었습니다. 그러한 이들 가운데 한 사람이 '열두 사도 가운데 하나가 되어 예수님 부활의 증인이'사도 1,21-22 될 수 있었습니다.

바로 여기서 우리가 바라는 주교의 면모를 그려내기 위한 본질적인 기준이 제시됩니다. 부활하신 주님의 증인은 누구인가요? 처음부터 예수님을 따랐고 사도들과 함께 그분 부활의 증인으로 세워진 사람이 그 증인입니다. 이것은 우리에게도 똑같이 적용되는 기준입니다. 주교는 예수님께 일어난 모든 일을 생생하게 전해줄 줄 알고 교회와 '함께' 그분 부활의 증인으로 나선 사람입니다. 주교는 특별히 부활하신 주님의 증인입니다. 주교는 독자적인 증인이 아니라 교회와 '함께 하는' 증인입니다. 주교의 삶과 직무는 부활을 믿게 도와주는 것이어야 하고, 당신 자신을 십자가에 내어주신 그리스도와 하나 되어 교회를 위해 생명이 샘솟게 하는 것입니다. 죽음을 각오한 용기, 양 떼를 위해 자신의 생명을 내어주고 모든 것을 소진할 수 있는 관대함이 주교의 '유전자' 속에 새겨져 있습니다. 포기와 희생은 주교의 사명에 부합하는 고유한 것입니다. 주교직은 자기 자신을 위한 것이 아니라 교회, 양 떼, 다른 이들, 무엇보다도 세상의 기준에서 필요 없다고 버림받은 이들을 위한 것입니다.

그러므로 주교가 어떤 존재인지 알기 위해서는 인간적인 재능, 다시 말해 지적 능력, 교양, 더 나아가 사목적 능력도 고려할 필요가 없습니다. 주교의 프로필은 개인적인 덕목들을 수적으로 나열한 목록이 아닙니다. 물론 주교는 인간적 덕행에서 뛰어나야 합니다.「교회법전」 제378조 1항 참조 주교의 인간적인 올바름이나 완벽함은 건전하고 균형 있는 관계를 이루게 해주기 때문입니다. 이와 달리 주교가 부족한 면이 많으면 다른 이들의 부족함을 바로잡아 줄 수 없고 교회를 불안정하게 만드는 원인이 됩니다. 그리스도인으로서 굳건한 주교의 모습은 형제애와 친교를 증진시키는 요인입니다. 주교의 올곧은 품행은 주님 제자들의 높은 수준을 드러내 줍니다. 주교의 문화적 소양은 다양한 문화에 속한 이들과의 대화를 용이하게 해줍니다. 교회가 지켜온 진리 전체에 대한 주교의 정통성과 충실함은 그 주교를 교회의 기둥이 되게 하고 기준점이 되게 합니다. 내·외적 수양을 쌓은 주교의 모습은 자기 통제력을 지녔으며 다른 이들을 환대하고 인도할 수 있는 자질을 갖추었음을 드러냅니다. 아버지의 확고한 마음으로 교회를 감독하는 주교의 능력은 교회의 성장에 도움을 주는 안정된 권위를 보장해 줍니다. 공동체의 재산 관리에서 드러나는 주교의 투명함과 공평함은 신뢰성을 갖추게 하고 모든 이에게 존경을 받게 합니다.

이 모든 성품은 주교에게 필수적인 것이지만 부활하신 주님을 정확하게 증언하는 데 필요한 본질적인 임무와 비교하면 부차적인 것에 지나지 않습니다. 부활하신 주님의 영께서 당신의 증인들을 세워주십니다. 부활하신 주님께서 성령을 보내시어 주교를 세우시고 그 성품과 자질을 높여주고 완전하게 해주신다는 뜻입니다.

교회를
건설하는 여정

저는 여러분과 함께 몇 가지 생각을 더 나누고 싶습니다.

첫째 주제는 '교회를 위한 의사소통의 중요성'입니다. 지금은 제2차 바티칸공의회에서 사회 매체에 관한 교령 「놀라운 기술」*Inter Mirifica*을 반포한 지 50년이 넘었습니다. 이 때에 우리는 단순히 이 교령을 기억하는 데 그쳐서는 안 되겠습니다. 이 문헌은 교회가 의사소통은 물론이고 복음화 차원에서도 중요한 가치를 지닌 의사소통의 수단들에 대해서 주의를 기울여야 한다고 권고합니다. 우리는 다양하고 각기 다른 기

능을 지닌 의사소통 수단들에 주의를 기울여야 합니다.

의사소통 자체는 수단이 아닙니다! 그것은 전적으로 다른 것입니다. 최근 몇 년간 의사소통 수단들이 많은 발전을 거듭했습니다. 또한 지금도 계속해서 빠른 속도로 진화하면서 새로운 감각과 형태를 지닌 수단들이 생겨나고 있습니다. 통신 세계는 서서히 많은 이에게 '삶의 환경'이 되었습니다. 다시 말해 사람들이 서로 의사소통을 하면서 개인적인 지식과 관계의 경계를 확장하는 연결망이 된 것입니다. 베네딕토 16세의 2013년 홍보주일 담화문 참조 우리 모두는 통신 세계의 한계와 유해한 요소들을 잘 알고 있습니다. 그럼에도 저는 특별히 긍정적인 측면들을 강조하고 싶습니다.

이러한 맥락에서 우리는 이렇게 자문해야 합니다. 효과적인 의사소통을 위한 수단들과 관련하여 '교회의 역할은 무엇인가?' 이것이 둘째 주제입니다. 저는, 어떤 상황에서든지 과학기술적 차원보다는 남녀를 막론하고 '오늘날의 사람들과 대화를 나누는 법'을 아는 것이 우리의 목적이라고 확신합니다. 우리는 이 시대 사람들의 기대와 의혹과 희망을 이해하기 위해 그들과 대화하는 법을 알아야 합니다. 사람들은 자기네에게 무미건조한 것처럼 보이는 그리스도교에 대해 가끔 실망을 느끼기도 합니다. 그들이 보기에는 그리스도교가 신앙이 선사하는 깊은 의미를 정확하게 전달하기 힘들어하는 듯하기 때문입니다.

실제로 우리는 세계화 시대인 오늘날, 무질서와 고립을 증가시키는 데 일조하기도 합니다. 게다가 삶의 의미를 잃는 사람들이 늘어가고 '집'이 제 기능을 다하지 못하며 깊은 관계를 맺는 것이 어려워지는 현실을 목격하고 있습니다. 그러므로 식별력을 가지고 새로운 과학기술이 만들어 놓은 환경과 사회망 속으로 들어가서 대화하는 법을 아는 것이 아주 중요합니다. 이것은 사람들에게 누군가가 자기네와 함께한다는 것을, 누군가가 자기네 말에 귀 기울여 주고 대화를 나누며 용기를 북돋워 주고 있다는 것을 느끼게 해주기 위해 꼭 필요합니다.

여러분이 그리스도인의 정체성을 간직한 채 새로운 환경에 들어가서 그 역할을 해야 한다는 사실을 두려워하지 마십시오. 여정에 동행하는 교회는 모든 이와 함께 걷는 법을 알고 있습니다. 저는 이냐시오 성인이 전해준 순례자들의 옛 규정을 알고 있습니다. 그 규정에 따르면, 순례자를 동행해 주거나 순례자와 함께 걷는 사람은 앞서거나 뒤처지는 일 없이 순례자의 보폭에 맞추어 걸어야 합니다. 제가 말씀드리고자 하는 것이 바로 이것입니다. 그 규정은 여정에 동행하고 함께 걷는 법을 아는 교회가 오늘날 어떻게 발걸음을 옮겨야 할지를 알려줍니다. 결국 우리가 무엇을 어떻게 해야 하는지 이해하는 데 큰 도움을 줍니다.

셋째 주제는 의사소통과 관련하여 우리 모두가 해야 할 도전입니다. 이것은 기술적인 차원의 문제가 아닙니다. 우리는 이렇게 자문해야 합니다. 우리는 새로운 환경과 사회망 속에서도 그리스도를 전해줄 수 있는가? 아니 더 정확하게 말하자면 '그리스도와의 만남으로 사람들을 이끌 수 있는가?' 우리는 엠마오를 향하던 제자들과 함께 걸으셨던 예수님처럼 인생의 순례자들과 함께 걸으면서 그들의 마음을 타오르게 하고 그들이 주님을 찾을 수 있게 이끌어 줄 수 있는가? 우리는 모든 이의 '집'인 교회의 면모를 온전히 전해줄 수 있는가? 우리는 문이 닫혀있는 교회에 대해 이야기할 때가 많습니다.

그러나 여기서 말하고자 하는 교회는 문이 활짝 열린 교회, 아니 그 이상의 교회입니다! 우리는 함께 모여 이 '집'을 만들어야 합니다. 모든 이의 '집'인 교회를 건설해야 합니다. 문이 닫힌 교회와 문이 열린 교회! 우리는 문이 활짝 열린 교회를 건설하는 여정에 있습니다. 이것이 바로 우리가 해야 할 도전입니다! 개인적인 만남 외에도 사회적 의사소통의 수단들을 통해서도 우리의 삶과 여정의 토대가 되는 것들의 아름다움과 신앙의 아름다움, 그리스도와의 만남이라는 아름다움을 재발견하게 하는 것입니다. 의사소통의 새로운 환경에서도 열정을 전해주고 마음을 타오르게 할 줄 아는 교회가 필요합니다. 우리는 사람들과 함께하면서 진취적인 정신으로 이러한 실질적인 요구에 응답할 수 있나요? 아니면 직무상 주어진 일만 기계적으로 반복하고 있나요? 우리는 다른 이들에게 전해주어야 할 고귀한 보물, 곧 빛과 희망을 담고 있는 보물을 간직하고 있습니다. 세상은 이 보물이 많이 필요합니다!

하지만 의사소통의 새로운 환경에서 사제, 수도자, 평신도들이 이 보물을 제대로 전해줄 수 있으려면 먼저 주의 깊고 전문적인 교육을 받아야 합니다. 거대한 디지털 세상은 단순히 과학기술로만 이루어진 것이 아니라 저마다 자신의 내면에 희망, 슬픔, 걱정, 참된 것, 아름다운 것, 좋은 것을 찾는 마음으로 살아가는 이 세상 사람들이 모여 만든 것입니다. 사람들의 마음속에 그리스도를 모셔다 드린 마리아처럼 우리도 사람들에게 그리스도를 모셔다 드리면서 그분과의 만남이 주는 기쁨과 희망을 함께 나눌 줄 알아야 합니다. 자신의 정체성을 잃어버리는 일 없이, 무관심이 안개처럼 드리운 세상 속으로 뛰어들 줄 알아야 합니다. 우리는 어둠에 압도당하거나 길 잃는 일 없이, 더욱 짙은 어둠 속으로 내려가야 합니다. 속아 넘어가는 일 없이, 수많은 망상을 들어야 합니다. 비탄에 잠기는 일 없이 사람들의 절망을 끌어안아 주고, 자신의 정체성을 잃거나 정체성이 변질되는 일 없이 다른 이들의 조각난 삶을 어루만져 주어야 합니다.2013년 7월 27일 브라질 주교회의에서 하신 설교 4항 참조 이것이 우리의 여정입니다. 이것이 우리의 도전입니다.

사랑하는 여러분, 의사소통의 세계에서 교회가 오늘날의 사람들과 대화하고 그리스도와의 만남으로 이끌어 주기 위해서 그들과 함께하고 관심을 갖는 것은 아주 중요한 일입니다.

그리스도와의 만남은 인격적인 것입니다.[30] 조작할 수 있는 것이 아닙니다. 오늘날 우리는 교회 안에서 영적 '현혹'에 직면해 있습니다. 이 큰 유혹은 여러분의 양심을 조작하고, 신학적인 정신을 말끔히 씻어내 버리게 만들어 결국에는 명목상으로만 그리스도를 만나게 할 뿐 결코 살아계신 그리스도와 인격적으로 만나게 하지 않습니다. 한 사람이 그리스도와 인격적으로 만나는 곳에 그리스도와 그 사람이 실제로 함께하게 됩니다. 이 만남에는 인위적인 손길을 가하는 영적 기술자가 필요하지 않습니다. 이것이 우리의 도전입니다. 사람들이 그리스도와 만나도록 이끌어 주는 것입니다. 하지만 그 역할에서 우리는 그 만남을 주선하는 중개자일 뿐이며, 때로는 세상의 기술이 효과적이어서 필요하기도 하지만, 중요한 문제는 그 기술을 습득하는 데 있는 것이 아니라는 의식이 필요합니다.

우리가 믿음을 고백하는 하느님이 우리 안에 머무시고, 인

30. 그리스도와의 만남은 이론적이거나 추상적인 것이 아니라 믿는 이의 인격과 그리스도의 인격이 마주하는 만남이다. 따라서 마음을 열고 그리스도와 함께하는 삶을 살지 않으면 불가능한 만남이다.

간을 열렬히 사랑하시는 하느님이 우리를 통해 당신을 드러내고자 하신다는 것을 언제나 기억하기를 바랍니다. 우리는 비록 가난하지만 하느님이 직접 일하시고 변화시켜 주시어 인간의 삶을 구원하시기 때문에 모든 것이 가능합니다.

놀라게 할 줄 알아야
살아있는 교회다

성령강림 대축일은 예루살렘 어느 다락방에 모여있던 제자들 위로 성령께서 내려오신 사건을 기념하는 날입니다. 파스카와 마찬가지로 성령강림도 오래전부터 기념해 오던 유다인들의 고유한 축제 때에 일어난 사건이며, 하느님 약속의 놀라운 성취를 가져왔습니다. 사도행전은 이 신비로운 사건이 보여준 여러 가지 상징과 열매를 묘사했습니다. 거센 바람이 일고 불꽃 모양의 혀들이 나타났으며 두려움이 사라지고 그 자리에 용기가 들어섰습니다. 제자들은 혀가 풀려 다른 언어들

을 말하기 시작했고 모든 이가 저마다 자기 지방 말로 제자들이 선포하는 바를 알아들었습니다. 하느님의 성령께서 임하시는 곳에서는 모든 것이 새로 태어나고 변화합니다. 성령강림 사건은 교회의 탄생을 알리고 그 공적인 모습을 드러내줍니다. 이 사건에서 드러난 교회의 두 가지 특징은 우리에게 깊은 인상을 남겼습니다. 그곳은 바로 '놀라워하고 어리둥절하게 만드는' 교회입니다.

성령강림 사건의 기본 요소는 '놀라움'입니다. 우리 하느님은 놀라움을 주시는 하느님이시며 우리는 이 사실을 잘 알고 있습니다. 예수님이 돌아가신 다음에 제자들은 스승을 잃고 패배한 고아처럼 되었으며 하찮은 소그룹에 지나지 않았습니다. 그러한 제자들에게 기대를 거는 이는 아무도 없었습니다. 하지만 예상치도 않은 상황에서 놀라움을 금치 못하게 하는 사건이 일어났습니다. 사람들은, 제자들이 하느님의 위업을 선포하는 말을 저마다 자기 지방 말로 듣고는 어리둥절해 했습니다.사도 2,6-7.11 성령강림으로 태어난 교회는 놀라움을 불러일으키는 공동체입니다. 교회는 하느님에게서 오는 힘을 통해 사랑이라는 새롭고도 보편적인 언어로 그리스도의 부활이라는 새로운 메시지를 선포하기 때문입니다. 교회가 전하는 새로운 소식은 '그리스도께서 살아계시고 부활하셨다'는 것이며, 그 새로운 언어는 사랑의 언어입니다. 제자들은 높은 곳에서 오는 능력을 입고 용기 있게 선포합니다. 조금 전까지만 해도 모두 겁에 질려있던 그들이 이제는 성령께서 주시는 자유를 얻고서 솔직하고 용기 있게 선포합니다.

교회는 언제나 이런 모습으로 살아가도록 부르심 받았습니다. 따라서 교회는 그리스도이신 예수님이 죽음을 이기셨다는 것, 하느님의 두 팔은 언제나 활짝 열려있다는 것, 하느님은 인내로운 분으로 우리를 치유하고 용서하기 위해 언제나 기다리고 계신다는 것을 모든 이에게 선포하면서 그들을 놀라게 할 수 있어야 합니다. 교회가 바로 이런 사명을 수행할 수 있도록 부활하신 예수님은 당신의 성령을 보내주셨습니다.

주목하십시오! 교회가 살아있다면, 언제나 사람들을 놀라게 만들어야 합니다. 살아있는 교회의 특징은 놀라게 하는 것입니다. 놀라게 하는 능력이 없는 교회는 나약하고 병들고 죽어가는 교회입니다. 그런 교회는 가능한 한 빨리 재생을 위한 치료를 받아야 합니다!

예루살렘에 있던 사람들 가운데 몇몇은 예수님의 제자들이 두려움에 사로잡힌 채 문을 닫아걸고 집 안에 머물기를 바랐을 것입니다. 그래야 '어리둥절한 일'이 일어나지 않았을 것이기 때문입니다. 하지만 부활하신 주님께서는 "아버지께서 나를 보내신 것처럼 나도 너희를 보낸다"요한 20,21고 하면서 제자들을 세상으로 내보내셨습니다. 성령강림으로 태어난 교회는 지나치게 '순화되어' 사람들에게 아무런 느낌도 줄 수 없는 상태에 빠지는 것을 철저히 경계하는 교회입니다. 절대로 그러한 상태에 빠져서는 안 됩니다! 성령강림으로 태어난 교회는 세상을 아름답게 꾸미는 데 필요한 하나의 장식이 되는 것을 거부합니다. 교회는 자신에게 맡겨진 메시지를 선포하기 위해 사람들을 만나러 밖으로 나가는 것을 주저하지 않습니다. 교회는 자신이 전하는 메시지가 사람들의 양심을 불편하게 하고 걱정스럽게 만든다 해도, 그 메시지가 어쩌면 문제를 불러일으킬 수도 있고 때로는 우리를 순교하게 만든다 해도 주저함이 없습니다. 교회는 하나이며 보편된 공동체로 태어났고, 특별한 정체성을 지녔지만 모두에게 열려있으며, 세상을 끌어안지만 결코 자신 안에 가두려 하지 않습니다. 교회는 세상을 자유롭게 놓아주면서도 성 베드로 대성당의 주랑들처럼[31] 세상을 끌어안아 줍니다. 교회의 두 팔은 맞아들이기 위해 활짝 벌리고 있으며 그 안에 가두기 위해 닫히는 일이 없습니다. 우리 그리스도인들은 자유로우며, 교회는 우리가 자유롭기를 바랍니다!

이제 동정녀 마리아를 떠올려 봅시다. 성령강림 사건이 있던 날 아침, 예루살렘의 다락방에는 성모님과 그 자녀들이 함께하고 있었습니다. 성령의 힘이 마리아 안에서 "큰일"루카 1,49을 실현하셨습니다. 이것은 마리아가 직접 고백한 것입니다.

마리아, 구세주의 어머니요 교회의 어머니시여, 당신의 전구로 교회와 세상 위에 하느님의 성령께서 언제나 새롭게 강림하시기를 빕니다.

31. 성 베드로 대성당 앞에 펼쳐진 광장은 돌로 만든 284개의 거대한 주랑으로 둘러싸여 있는데, 하늘에서 내려다보면 둥그렇게 양팔을 벌리고 끌어안고 있는 모양을 하고 있다. 이것은 교회가 모든 자녀를, 그리고 세상을 하느님의 사랑으로 끌어안고 있음을 상징한다.

프란치스코 교황이 걸어온 길

1936년 12월 17일, 호르헤 마리오 베르골료Jorge Mario Bergoglio가 아르헨티나 수도 부에노스아이레스에서 이탈리아 아스티 출신의 이민자 가정에서 첫째 아이로 태어나다. 아버지 마리오Mario는 철도회사의 회계원, 어머니 레지나 시보리Regina Sivori는 전업주부였으며, 오스카르Oscar, 마르타Marta, 알베르토Alberto, 마리아 엘레나María Elena 네 명의 동생이 있다.

1957년 대학에서 화공학을 전공, 성소를 느끼고 비야 데보토의 교구 신학교에 입학하다.

1958년 3월 11일, 예수회에 입회하여 수련소에 들어가다.

1960년 3월 12일, 첫 서원을 하다.

1963년 칠레 산티아고에서 인문학 공부를 마치고 아르헨티나로 돌아와 산미겔 시에 있는 산호세 대학Colegio Máximo San José에서 철학을 전공하다.

1964-1966년 먼저 산타페 시에 있는 인마쿨라다 대학Colegio de la Inmaculada에서 문학과 심리학을 가르치고, 그다음으로 부에노스아이레스에 있는 살바도르 대학Colegio del Salvador에서 같은 과목을 가르치다.

1969년 12월 13일, 사제품을 받다.

1970년 산호세 대학의 신학을 전공하다.

1973년 4월 22일, 종신서원을 하다.

7월 31일, 예수회 평의회 위원으로 봉사하던 중 아르헨티나 관구장으로 선출되다.

1980년 산호세 대학 학장으로 임명되다. 1986년까지 학장 직무 수행을 한 후 독일에 건너가 박사학위 과정을 마치기 위해 독일 신학자이자 종교철학자인 로마노 과르디니에 대해 연구하던 중 아르헨티나의 예수회에서 한꺼번에 여러 직무를 맡게 되자 공부를 중단, 아르헨티나로 돌아와 본당신부 직무까지 수행하다.

1992년 5월 20일, 대학교에서 고해사제와 영적지도자로서 직무를 수행하던 중 교황 요한 바오로 2세에 의해 부에노스아이레스 대교구의 보좌주교로 서임되다.

6월 27일, 대교구장 안토니오 콰라시노Antonio Quarracino, 1923-1998 추기경에게 주교품을 받다. 주교 모토로 "자비로이 부르시니"Miserando atque eligendo라는 문구를 선택하고, 주교 문장에는 예수회의 상징이며 그리스도를 가리키는 문자 'IHS'('인류의 구원자이신 예수님'을 뜻하는 라틴어 'Iesus Hominum Salvator'의 약자-옮긴이)를 새기다.

1993년	12월 21일, 부에노스아이레스 대교구의 총대리로 임명되다.
1997년	6월 3일, 부에노스아이레스 대교구의 부교구장으로 임명되다.
1998년	2월 28일, 안토니오 콰라시노 추기경의 선종 후 후임으로 대교구장에 임명되면서 아르헨티나 주교회의의 의장이 되다.
2001년	2월 21일, 교황 요한 바오로 2세에 의해 추기경으로 서임되다.
2005년	교황 요한 바오로 2세의 선종으로 로마에서 열린 콘클라베에 참석하다. 베네딕토 16세가 후임 교황으로 선출되다.
2013년	2월 11일, 교황 베네딕토 16세가 완전한 자유의지로 2월 28일에 교황직을 사임할 것을 발표하다.
	3월 13일, 콘클라베에서 266대 교황으로 선출되고, 교황명으로 '프란치스코'를 선택하다. 라틴아메리카에서 선출된 첫째 교황, 예수회 회원 중 선출된 첫째 교황, '프란치스코'를 교황명으로 택한 첫째 교황이 되다.
	4월 7일, 로마의 주교로서 '교황좌' 착좌 미사를 거행하다.
	6월 24일, 바티칸 은행(공식 명칭은 종교사업기구IOR)의 개혁을 위한 교황청 자문위원회를 신설하다.
	6월 29일, 교황 베네딕토 16세가 초안을 작성하고 교황 프란치스코가 완성한 첫 회칙 「신앙의 빛」*Lumen Fidei*을 발표하다.

7월 8일, 로마를 벗어난 첫째 사도좌 방문지로 람페두사를 찾아가다.

7월 22–29일, 브라질 리우데자네이루에서 열린 세계청년대회에 참석하다.

9월 22일, 이탈리아 사르데냐 섬 칼리아리에 사목방문 하다.

9월 28일, 보편 교회를 이끄는 데 도움을 받기 위해 추기경 자문단을 발족시키다. 추기경 자문단은 교황에게 자문하는 것 외에도 교황 요한 바오로 2세의 교황령 〈착한 목자〉Pastor Bonus의 개정 작업을 위해 연구하는 임무도 수행한다.

10월 4일, 아시시에 사목방문 하다.

11월 24일, 교황 권고 「복음의 기쁨」*Evangelii Gaudium*을 발표하다.

2014년

2월 22일, 새로운 추기경 서임을 논의하기 위해 추기경 회의를 소집하다.

8월 14–18일, 한국 대전 · 충남 지역에서 열린 제6회 아시아청년대회에 참석하기 위해 한국을 방문하다. 16일, 순교자 윤지충 바오로와 동료 123위 시복 미사를 집전하다.

강론 출처

1. '걷기'에 관한 복음

걷기와 그 목적지: 「신앙의 빛」*Lumen Fidei*(2013년 6월 29일 발표) 18–22항

복음이 지닌 영원한 새로움: 「복음의 기쁨」*Evangelii Gaudium*(2013년 11월 24일 발표) 11항

그리스도인의 세 가지 움직임: 2013년 3월 14일 추기경단과 함께 봉헌한 미사 강론

예수님과 함께 걷기: 2014년 2월 22일 새로운 추기경들의 서임식에서 하신 설교

만남의 기쁨: 「복음의 기쁨」 1–3항

2. 신앙의 여정과 성사생활

성사생활: 「신앙의 빛」 40–45항

세례성사 I – 그리스도와 교회에 접붙여진 이들
: 2014년 1월 8일 일반 알현 때 하신 설교

세례성사 II – 선교하는 백성의 지체들
: 2014년 1월 15일 일반 알현 때 하신 설교

견진성사 – 예수님과 하나 된 이들
: 2014년 1월 29일 일반 알현 때 하신 설교

성체성사 I – 사랑의 성사: 2014년 2월 5일 일반 알현 때 하신 설교

성체성사 II – 성체적 삶을 살아가기

: 2014년 2월 12일 일반 알현 때 하신 설교

고해성사 – 용서의 힘: 2014년 2월 19일 일반 알현 때 하신 설교

병자성사 – 하느님의 연민: 2014년 2월 26일 일반 알현 때 하신 설교

성품성사 – 섬김의 직무: 2014년 3월 26일 일반 알현 때 하신 설교

혼인성사 – 그리스도인의 혼인의 가치

: 2014년 4월 2일 일반 알현 때 하신 설교

3. 걷기 위한 성령의 은혜

성령의 은혜: 2014년 6월 8일 성령강림 대축일 미사 강론

지혜 – 하느님이 주시는 현명함: 2014년 4월 9일 일반 알현 때 하신 설교

통찰 – 하느님의 뜻을 이해할 수 있는 능력

: 2014년 4월 30일 일반 알현 때하신 설교

깨우침 – 성장하게 해주는 하느님의 선물

: 2014년 5월 7일 일반 알현 때 하신 설교

용기 – 힘을 주시는 주님 안에서 굳건한 이들

: 2014년 5월 14일 일반 알현 때하신 설교

지식 – 피조 세계의 아름다움을 보존하기

: 2014년 5월 21일 일반 알현 때 하신 설교

공경 – 하느님을 향한 감사와 찬미

: 2014년 6월 4일 일반 알현 때 하신 설교

경외 – 하느님의 사랑에 마음을 열기

: 2014년 6월 11일 일반 알현 때 하신 설교

4. 걷기와 관련된 증언들

전해 받은 신앙을 전하기: 「신앙의 빛」 37–39항

복음을 드러내 보여주기: 2013년 10월 14일 교황청 새복음화촉진평의회에서 하신 설교

그리스도의 가난으로 부유하게 된 우리: 2013년 12월 26일, 2014년 사순시기 담화문

참 행복의 혁명적인 힘: 2014년 1월 21일, 제29차 청소년 주일 담화문

"행복하여라, 마음이 가난한 사람들!": 2014년 1월 21일, 제29차 청소년 주일 담화문

"하늘 나라가 그들의 것이다": 2014년 1월 21일, 제29차 청소년 주일 담화문

만남의 문화: 2014년 1월 24일, 제48차 홍보 주일 담화문

5. 함께 걷기

자비의 때: 2014년 3월 6일 로마의 본당 신부들에게 하신 설교

하느님의 백성을 돌보기: 2014년 4월 14일 아나니의 교황청립 레오 신학교 신학생들에게 하신 설교

사제의 기쁨: 2014년 4월 17일 성유 축성 미사 강론

주교, 부활하신 주님의 증인: 2014년 2월 27일 교황청 주교성성에서 하신 설교

교회를 건설하는 여정: 2013년 9월 21일 교황청 사회홍보평의회 전체 회의에서 하신 설교

놀라게 할 줄 알아야 살아있는 교회다: 2014년 6월 8일 부활삼종기도 때 하신 설교

엮은이 줄리아노 비지니 Giuliano Vigini
밀라노 가톨릭대학교에서 동시대 출판업에 대한 사회학을 가르치고, 이탈리아 문화부 소속 출판위원회와 총리 직속 기구 홍보언론출판부의 자문위원으로 일하고 있으며, 출판사 에디트리체 비블리오그라피카Editrice Bibliografica의 편집장을 맡고 있다. 지은 책으로는 *Il libro e la lettura*(책과 독서), *L'editoria in tasca*(주머니 속의 출판업), *Storia dell'editoria italiana*(이탈리아 출판업의 역사) 등이 있으며, 엮은 책으로는 교황 바오로 6세의 *Il mistero di Cristo*(그리스도의 신비), 교황 베네딕토 16세의 *Imparare e Credere*(배우는 것과 믿는 것), 교황 프란치스코의 *Pensieri dal cuore*(마음에서 일어나는 생각) 등이 있다.

옮긴이 김정훈
1996년 로마 교황청립 우르바노 대학을 졸업하고, 1998년 같은 대학원에서 성서신학 석사학위를 받았다. 1999년 사제품을 받고, 2001-2013년 전주가톨릭신학원 성서부 교수로 일했으며, 현재 전주교구 부안성당 주임신부로 있다. 지은 책으로는 「모세오경-모세와 함께하는 성경 묵상」, 「역사서-이스라엘과 함께하는 성경 묵상」, 「시서와 지혜서-현인들과 함께하는 성경 묵상」, 「예언서-예언자들과 함께하는 성경 묵상」, 「공관복음서와 사도행전-사도들과 함께하는 성경 묵상」 등이 있고, 옮긴 책으로는 「교황 프란치스코, 자비의 교회」, 「성경시대의 여인들」, 「성경의 백성」(공역), 「하느님은 누구세요?」, 「미사의 역사」, 「아빠와 함께 성인 교황님을 만나요」, 「열 명의 마리아와 꼬마 천사」, 「25가지 성탄 이야기, 그리고 또 하나의 이야기」 등이 있다.